新兴航天市场
——问道全球商业化航天

【比】Stella Tkatchova —— 著
徐嘉 王开强 尹锐 等 —— 译

电子工业出版社
Publishing House of Electronics Industry
北京·BEIJING

内容简介

过去15年间,全球商业化航天活动日益活跃,为新兴航天市场的创建和发展带来了新的机遇和挑战。近年来,我国的商业航天公司如雨后春笋般涌现,商业航天市场也在快速发展中。本书的目的是介绍过去15年全球的商业航天活动及其商业化过程,探讨新兴商业航天市场的目标、细化分类、未来客户和商业模式等关键问题以及可以从中得到的启示和经验,内容涉及天地往返运输、在轨服务、太空环境治理、星际移居、亚轨道飞行、航天港等新兴需求和方向。

First published in English under the title
Emerging Space Markets
by Stella Alexandrova Tkatchova, edition: 1
Copyright © Springer-Verlag GmbH Germany, part of Springer Nature, 2018 *
This edition has been translated and published under licence from
Springer-Verlag GmbH, DE, part of Springer Nature.
Springer-Verlag GmbH, DE, part of Springer Nature takes no responsibility and shall not be made liable
for the accuracy of the translation.

本书中文版简体专有出版权由Springer-Verlag GmbH, DE授予电子工业出版社。未经许可,不得以任何方式复制或抄袭本书之部分或全部内容。
版权贸易合同登记号 图字:01-2021-1892

图书在版编目(CIP)数据

新兴航天市场:问道全球商业化航天/(比)斯特拉·特卡乔瓦(Stella Tkatchova)著;徐嘉等译. —北京:电子工业出版社,2021.10
书名原文:Emerging Space Markets
ISBN 978-7-121-42028-3

Ⅰ.①新… Ⅱ.①斯… ②徐… Ⅲ.①航天工业—工业发展—世界 Ⅳ.①F416.5
中国版本图书馆CIP数据核字(2021)第188709号

责任编辑:陈韦凯
文字编辑:刘家彤
印　　刷:北京利丰雅高长城印刷有限公司
装　　订:北京利丰雅高长城印刷有限公司
出版发行:电子工业出版社
　　　　　北京市海淀区万寿路173信箱　　邮编:100036
开　　本:720×1000　1/16　印张:12.5　字数:200千字
版　　次:2021年10月第1版
印　　次:2021年10月第1次印刷
定　　价:79.00元

凡所购买电子工业出版社图书有缺损问题,请向购买书店调换。若书店售缺,请与本社发行部联系,联系及邮购电话:(010)88254888,88258888。
质量投诉请发邮件至zlts@phei.com.cn,盗版侵权举报请发邮件至dbqq@phei.com.cn。
本书咨询联系方式:liujt@phei.com.cn,(010)88254504。

前言
FOREWORD

　　本书的目的是介绍过去 15 年的商业航天活动及其商业化过程，使正在开发商业航天市场的新型航天公司对必须要面临的挑战有所了解。在此期间，商业航天市场发生了什么新变化？商业航天中有没有私营公司的商业案例？商业航天市场的目标是什么？仅凭新型航天公司的目标市场能否激励商业轨道运输服务的发展？商业航天运输市场的未来客户是谁？新型航天公司如何吸引投资者？是否存在一种商业模式鼓励这种发展，它是什么？是否可以从传统航天工业或其他工业中得到启发？从国际空间站商业化中可以得到什么经验教训以鼓励创建可持续的新兴航天市场？过去 15 年的商业航天活动对航天市场的发展产生了哪些影响？空间站商业化服务的未来在哪里？这些问题将会在本书中讨论。

商业航天活动

　　在过去的 20 年里，各航天机构一直在探索如何鼓励私营公司参与商业化航天市场的发展。商业发射服务、太空旅游、卫星在轨服务、空间碎片减缓和太空资源开发皆是一些值得探索的市场。

这些年里，各航天机构已认识到为科学目的而建立的航天技术的商业化是有挑战性的、困难的。但是这也带来了新的市场机会，即发展新航天运输系统和新航天应用。

国际空间站商业化的早期，各航天机构制定的共同目标和政策是为了鼓励非航天公司（例如，药业、生物技术、医疗器械公司等）对国际空间站搭载资源进行商业利用。然而，近几年来，国际空间站的合作伙伴已开展截然不同的商业化航天活动，如美国航空航天局（NASA，也称美国宇航局）、俄罗斯联邦航天局（Roscosmos，也称俄罗斯国家航天集团）、欧洲空间局（ESA，也称欧空局）、日本宇宙航空研究开发机构（JAXA）、加拿大国家航天局（CSA，也称加拿大航天局）。

美国决定继续走鼓励发展具有竞争力的商业化航天运输行业与强化美国在航天相关科学、技术和行业方面的领导力地位的道路。这使美国创建了一个"强大而有竞争力的商业航天部门"来提高确保进入太空的能力（《美国国家航天政策》，2010年6月28日）。由于2012年航天飞机退役及有限的预算等原因，促使NASA依赖于Roscosmos将美国宇航员送上国际空间站。

NASA的商业轨道运输服务项目（COTS）和商业乘组开发计划（CCDev）的实施，促进了美国商业航天运输行业和轨道（如Dragon、Cyngus、CST-100 Starliner）、亚轨道运载器（如XCOR Lynx等）的发展。当NASA鼓励在未来的月球任务（如月球货运与软着陆计划，也称月球催化剂计划）、未来的火星任务或小行星采矿任务（如小行星重定向任务)中实施类似的项目时,这条成功的道路得以继续向前发展。

在欧洲,ESA采取了一种"自下而上"的方法,执行"以科学、经济、全球合作等为目标,以客户为主导"的空间探索战略。因此,在航天工业和非航天工业,与私营企业的战略合作伙伴关系可能会引导产品或服务瞄准长期的商业可行性目标。

这种"自下而上"集思广益的方法将帮助ESA创建未来的项目,以鼓励对国际空间站研究利用途径的持续探索与开发(如降低成本、缩短进入时间、增加商业化公司的数量),以及进一步促进太空4.0①计划的未来开发和规范欧洲客户群体利用好国际空间站。为了应对正在变化的全球航天竞争环境,2017年ESA发起了重大挑战倡议,目的是提出想法、促进创新、支持具有效费比的研发,积极应对开发新航天应用面临的巨大挑战。

在过去的35年里,由于阿里安运载火箭的成功,欧洲在商业卫星发射市场已经成为公认的参与者。为了维持这一竞争优势,欧洲正在开发阿里安6型运载火箭,在具有价格竞争优势的前提下,可提供较高的火箭发射可靠性。由于来自美国新型航天公司在商业化航天发射市场的竞争日益激烈,欧洲的航天工业将不得不在政策力量和市场力量之间寻找平衡点。尽管如此,欧洲太空探索战略实施"自下而上"的集思广益的方法将形成新的观念,这将不但为航天公司,也将为非

---

① 太空4.0被认为是航天部门通过与政府部门、私营企业、社会和政治团体的互动向新时代演变。

航天行业提供独一无二的商业化市场机会（如制药、生物技术等）。

背景

国际空间站的成功组装鼓舞了各航天机构开始研究各种确保低成本到达空间站的途径，以及开发利用微重力环境的新途径。

近几年来，美国改变了对商业载人航天的策略，将专注于通过降低发射成本，确保可持续和高效地进入太空，从而重新夺回商业航天运输市场的领导地位。

为满足可靠、长期、低成本地向国际空间站运输的需求，以及消除对俄罗斯运载火箭的依赖，2005 年 NASA 启动了 COTS 和 CCDev 两个计划，将会在第 1 章中讨论。

随着这些计划的启动，NASA 希望鼓励开发私营航天运载器，并促进商业航天运输市场的发展。过去 10 年，这些项目的成功实施不仅促进了新运载火箭（如猎鹰火箭和阿里安火箭）的开发，还创造了第一批商业航天运载器如"龙"飞船（Dragon）和"天鹅座"飞船（Cygnus）（见图 0.1）。它们均多次与国际空间站成功对接，给国际空间站的宇航员运输实验器材和食物。所有涉及投资、开发、建造轨道和亚轨道航天运载器，或提供商业服务和产品的私营公司均被称为新型航天公司。

然而，商业航天活动的出现并不是新生事物。例如，在 20 世纪 80 年代末至 20 世纪 90 年代初，美国一家私营公司 Spacehab 开发了用于开展实验的商业化模块。1995 年，NASA 与该公司签署 5400 万美元

前言

（图源：NASA）

图 0.1 左图：轨道科学公司制造的第一个"天鹅座"飞船；右图：由国际空间站第 37 批远征乘组于交会对接操作期间拍摄的被空间站加拿大机械臂抓取的太空探索技术公司的"龙"飞船

的合同，以支持航天飞机 / 和平号空间站的后勤补给飞行。20 世纪 90 年代中期，源于吸引资金以维持和平号空间站运行[①]的需求，俄罗斯首次尝试商业化利用和平号空间站。在向市场经济转型过程中的不可避免的困难，迫使俄罗斯航天工业面临巨大的航天预算压力。俄罗斯航天官员很快发现了新市场并鼓励建立太空娱乐项目。例如，1990 年将日本新闻记者送到和平号空间站，启动乐事、必胜客的品牌推广项目等[②]。

欧洲对商业化载人航天服务的兴趣始于美国和俄罗斯在国际空间站开展的商业活动。他们有一个潜在的承诺，在 2001 年 ESA 制定了一项政策，以促进"哥伦布"实验舱的商业利用率达到 30%。一些研究与开发项目均是由 ESA 安排开展在轨飞行的，涉及骨密度测试仪、

---

① 和平号空间站每年运行费用为 2.2～2.4 亿美元，更多信息参见第 5 章。
② 丹尼斯·蒂托的太空旅游最初计划飞往和平号空间站，然而，2001 年和平号空间站脱离轨道后，丹尼斯·蒂托飞往国际空间站俄罗斯舱段。

人体成分分析仪、新一代节能灯（如高强度放电灯），以及一些使用新的食品加工技术生产的促销产品（如 Mediet 食品托盘）。

与国际空间站的其他合作伙伴相比，日本开始商业化航天活动的时间相对较晚。2004 年，JAXA 开展了针对创造新项目和发展航天品牌的开放空间实验室项目。ASICS 太空鞋就是该商业化项目的一个例子。其他有趣的商业活动均与太空产品的开发相关，例如，搭载在国际空间站俄罗斯舱段上的太空清酒和太空酸奶。这些商业化项目展示了商业航天市场的潜力，例如，货物和宇航员的运输市场、太空旅游、卫星在轨服务和微重力研究开发。自 2000 年以来，商业航天创业公司或所谓的新型航天公司，已经吸引了超过 80 个天使投资人和风险投资公司逾 133 亿美元的投资。在 21 世纪初，平均每年成立 3 家这样的航天公司；而近 5 年来，新型航天公司成立的数量已经达到平均每年 8 家，2015 年是创纪录的一年，投资总额为 23 亿美元，拥有投资者数百名，其中超过 66% 的公司位于美国，而其他 34% 的公司分布于其他 25 个国家和地区。这些乐观的数字可能会被欧洲商业航天初创公司所质疑，因为这些初创公司在欧洲很难得到私人风险投资。一些公司在竞争环境中蓬勃发展，而其他像 Rocketplane 和 Excalibur Almaz 的公司则将不得不宣布终止他们的活动。

风险投资者着眼于寻求投资回报快、利润高和周期短的太空产品和服务进入市场。新型航天公司需要发掘、识别和定位商业航天市场并吸引新客户，而非吸引传统的航天机构。突破性的技术创新将是这些公司赢得新市场和保持竞争力的唯一途径。在国际空间站上使用充气式空间站模块（如 BEAM）和发射可重复使用的运载火箭就是发挥想象力并实现创新的例子。例如，美国太空探索技术公司（SpaceX）的猎鹰9号火箭发射的几分钟后，第一级火箭返回发射场。这些创新正在彻底改变传统航天工业的业务。以下问题随之出现：可重复使用的运载火箭会更便宜吗？一级火箭翻新费用是否足够低，使每次发射都有利可图？市场对可重复使用的运载火箭是否有足够的需求？可重复使用的运载火箭对环境会有怎样的影响？风险投资者是否理解并愿意投资于开发这些火箭及充气模块？

商业航天运输市场的发展可能会增加对可重复使用的运载火箭的需求，并鼓励建立自我可持续发展的商业航天市场。

随着NASA的商业轨道运输服务项目和商业乘组开发计划的实施，美国已经展示出新的愿景，即鼓励近地轨道（Low Earth orbit，简称LEO）载人航天活动从由政府主导向由私营企业主导转型。在NASA COTS和CCDev项目的背景下，商业运载火箭的发展会对欧洲航天工业产生直接影响。这种演变会出现两个方向：可能为欧洲商业航天运输服务的出现创造机会，但也可能会约束其发展。

由于美国的新型航天公司具有竞争力的价格和成熟的运载火箭技术，需要发射服务的欧洲客户可能会直接向他们购买发射服务，这将反过来增加欧洲航天工业对非欧盟技术的依赖。理解欧洲利益相关方在新兴商业航天市场发展中面临的挑战，是分析风险并为在欧洲创建商业航天市场提供不同途径的第一步。另一方面，欧洲航天公司可能开始与新型航天公司合作并建立合资公司，获得新的竞争力并进入新的市场。这样一来，欧洲航天公司将会减少对非欧盟技术的依赖。

开发新型运载火箭所具有的开拓性，新型航天公司开发商业太空飞行市场所面临的风险，通过提供解决方案以确定独特的销售地位，以及解决各种困难以吸引私人投资者，这些都与私营公司和航天机构在推动空间站商业化（如和平号空间站、国际空间站）过程中遇到的挑战和风险类似。

传统意义上，航天机构是空间站开发和利用的最大公共投资者。从历史上看，由于商业化有效载荷的高市场风险和较长的进入太空周期，私人投资者不愿投资于空间站的商业利用和相关项目。私人投资者主要投资于通信、导航和对地观测系统（如 DigitalGlobe、RadarSat、Deimos Imaging、exactEarth、Skybox）。传统意义上，私人投资者认为在运载火箭和载人航天活动上的投资是有风险的和昂贵的。

结论

从航天飞机诞生之初起，航天技术的商业化利用就是摆在航天工业面前的一项商业挑战。20 多年来，各航天机构一直在探索各种方法以鼓励和吸引私营公司参与发展商业航天市场。这些年来，航天机构认识到推动为科学目的而开发的航天技术的商业化是具有挑战性和困难的，但它蕴含着新的市场机会、新的运载火箭的开发需求和新的航天应用。

未来潜在的商业航天市场包括商业发射服务、太空旅游、卫星在轨服务、空间碎片减缓和空间资源开发。自 2000 年以来，商业航天初创公司已经吸引了超过 80 位天使投资者和风险投资航天公司超过 133 亿美元的投资。然而，风险投资者将持续关注投资回报快、利润高、时间短的航天产品和服务进入市场。新型航天公司需要发掘、识别和定位商业航天市场并吸引新的客户而非传统的航天机构。突破性的技术创新将是提供竞争优势的驱动力。在国际空间站上使用充气式太空舱模块（如毕格罗可扩展式活动模块 BEAM）和发射可重复使用运载火箭是发挥想象力并实现创新的例子。这些创新正在改变传统航天工业的业务。以下问题随之出现：可重复使用的运载火箭会更便宜吗？一级火箭翻新费用是否足够低，使每次发射都有利可图？市场对可重复使用的运载火箭是否有足够的需求？可重复使用的火箭设备对环境会有怎样的影响？风险投资者是否理解并愿意投资与开发这些火箭和充气模块？

    NASA 的商业轨道运输服务项目和商业乘组开发计划现阶段的成功为美国载人航天计划提供了一个范例，并为成功利用国际空间站上的资源创造了可能性。ESA 等其他航天机构采取了一种"自下而上"集思广益的方法，以收集持续利用国际空间站的创新想法（如降低成本、缩短接入时间等）。这些项目的成功实施和自我可持续发展的商业航天市场的形成会鼓励航天机构在未来的月球或火星任务中实施类似的项目。

Stella Tkatchova

比利时 布鲁塞尔

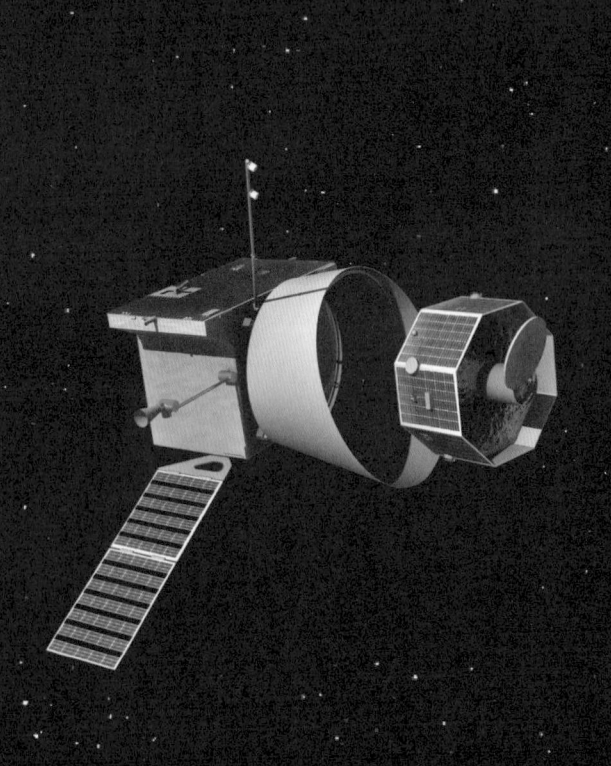

目录
CONTENTS

第1章　商业航天运输项目　/ 001

　1.1　简介　/ 002
　1.2　背景介绍　/ 002
　1.3　商业货运和宇航员乘组发射服务需求　/ 006
　1.4　亚轨道发射服务需求　/ 009
　1.5　NASA商业航天运输项目　/ 012
　1.6　世界范围航天活动协定　/ 013
　1.7　商业轨道运输服务项目　/ 014
　1.8　商业乘组开发计划　/ 016
　1.9　NASA CCP项目　/ 020
　1.10　NASA飞行机会项目　/ 021
　1.11　商业航天能力合作项目　/ 023
　1.12　NASA商业数据中继卫星　/ 025
　1.13　经济影响　/ 027
　1.14　结论　/ 030

第2章　商业航天市场和利益相关方　/ 033

　2.1　简介　/ 034
　2.2　背景　/ 034
　2.3　市场细分的挑战　/ 038
　2.4　商业航天市场概述　/ 039
　2.5　未来新兴航天市场分类标准　/ 044
　2.6　商业航天市场类型　/ 046
　2.7　新航天产业利益相关方　/ 047
　2.8　结论　/ 050

第3章　商业化的经验教训　/ 053

3.1　简介　/ 054
3.2　背景介绍　/ 054
3.3　航天飞机商业化　/ 055
3.4　空间站商业化的经验教训　/ 058
3.5　结论　/ 069

第4章　星际移居和原位探测　/ 071

4.1　引言　/ 072
4.2　利益相关方　/ 073
4.3　星际移居　/ 075
4.4　原位资源和行星资源开发　/ 077
4.5　月球探测　/ 080
4.6　目标市场　/ 090
4.7　火星探测　/ 097
4.8　挑战　/ 100
4.9　结论　/ 102

第5章　空间站商业活动　/ 105

5.1　简介　/ 106
5.2　利益相关方　/ 109
5.3　空间站商业化的经验教训　/ 112
5.4　目标市场　/ 116
5.5　以市场为导向的趋势　/ 122
5.6　结论　/ 130

第6章　空间碎片减缓　/ 133

6.1　简介　/ 134
6.2　利益相关方　/ 139
6.3　空间碎片和航空安全　/ 141
6.4　ESA空间碎片项目　/ 142
6.5　JAXA的研究　/ 144
6.6　目标市场和服务　/ 145

6.7 卫星在轨服务 / 146

6.8 结论 / 148

第7章 亚轨道市场 / 151

7.1 简介 / 152

7.2 利益相关方 / 152

7.3 可重复使用亚轨道飞行器的经验教训 / 156

7.4 亚轨道目标市场 / 159

7.5 结论 / 166

第8章 航天港 / 169

8.1 简介 / 170

8.2 利益相关方 / 170

8.3 目标市场/服务 / 174

8.4 结论 / 179

译后记 / 181

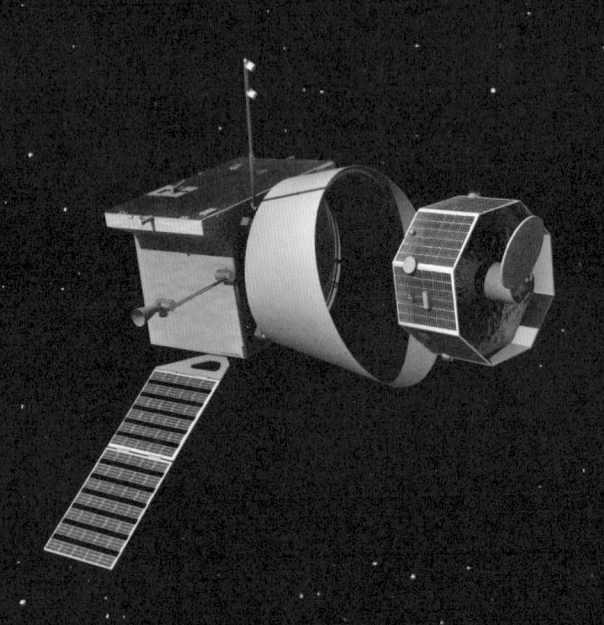

第 1 章

商业航天运输项目

1.1 简介

本章的目的是呈现商业发射服务需求，介绍航天机构的商业航天运输项目，以及分析其产生的经济影响。本章将介绍商业化项目在新兴航天市场演变背景下及在航天机构未来探索任务中的作用。最后，在鼓励创造可持续的商业化新兴航天市场，开发低成本运载火箭、新市场和空间应用的背景下，针对NASA COTS、CRS 和 CCDev[①]项目提出了建议。

1.2 背景介绍

2005 年，布什政府宣布启动美国星座（Constellation）计划（见图1.1），用于完成未来载人航天飞行任务和应对航天飞机 2011 年退役。这个在当时富有远见的计划的提出是为了应对 2003 年的"哥伦比亚号"航天飞机事故，旨在向美国人民展示美国将继续进行太空探索的决心。该计划是布什总统于 2004 年 1 月公布的太空探索愿景（Vision

---

① NASA商业轨道运输服务（COTS）和商业补给服务（CRS）都是向国际空间站运输货物的NASA项目，CCDev为商业乘组开发计划的简称。

for Space Exploration，VSE）中提出的部分目标。VSE 的主要目标是创建和实施商业化货物运输项目。2005 年，美国海军上将 Craig Steidle 在 Sean O'Keefe 的领导下，为现役的和新的运载火箭制订了一个可与宇航员乘组探索飞行器（Crew Exploration Vehicle，CEV）的开发一决高下的计划。随着 NASA 管理的改变，VSE 项目目标转向了由 NASA 设计和开发的"战神（Ares）1 号"/"战神 5 号"运载火箭和"起源（Orion）号"太空舱。美国政府提出的星座计划面临重大的技术和经费挑战，主要涉及"战神 1 号"运载火箭，该运载火箭必须是"安全、简单、迅速"的。星座计划是能够完成重返月球和火星探测任务的完美项目，但不幸的是，美国政府只象征性地为它分配了预算。

基于长期负担能力的战略

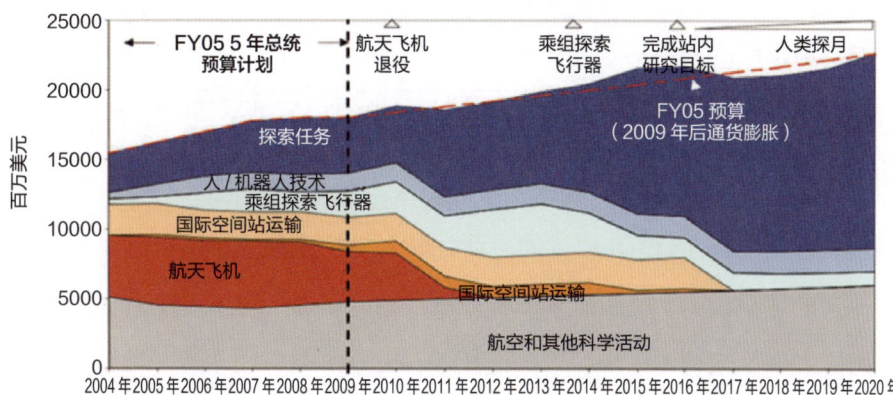

图 1.1　NASA 的星座计划

注： 探索任务——机器人和最终的人类登月、登火星和更远的地方的任务；

人/机器人技术——可以发展探索太空系统的技术；

乘组探索飞行器——用于载人探索的运输飞行器；

国际空间站运输——美国和其他国家的发射系统以支持国际空间站需求，尤其是在航天飞机退役后。

2010 年，奥巴马政府取消了星座计划，但将继续支持美国可负担的、安全的和商业可持续的太空飞行技术。NASA COTS 项目目标是鼓励私营公司设计、开发和测试商业运载火箭和转移飞行器。此项目将在航天飞机退役后被 NASA 用于满足国际空间站和其他客户的基础运输需求。同时，美国政府也将继续支持起源飞行器和重型航天发射系统（Space Launch System，SLS）的未来发展。

NASA 对未来探索任务的新想法正在形成，例如，在 2025 年前实现小行星回收任务；又如，通过宇航员执行原位资源利用（In Situ Resource Utilization，ISRU）活动，分析提取自然资源。未来的近地小行星（Near-Earth Asteroid，NEA）任务可能会吸引小行星采矿公司开发小行星上丰富的资源，或者吸引准备开发小行星资源的航天公司。全面商业运营活动的推进也将促进航天客户的服务需求。低成本的运载火箭可能成为未来采矿任务的主要运输工具，商业航天运输工业将蓬勃发展。通过展示商业运载火箭的成功，NASA 可以继续鼓励商业航天运输市场的发展。

随着 NASA COTS 项目的启动，航天机构避免了开发极其昂贵和复杂的运载火箭，比如航天飞机。该计划的诞生是为了满足 NASA 向国际空间站运输的需求，即降低技术开发成本并鼓励创造一种既服务于机构客户又服务于商业客户的新型航天器。

商业化发射服务的需求既来自民用目的，也来自军用目的，而亚轨道发射服务的需求被认为主要来自商业目的。此外，每年还需要在全球发射 15～20 颗商业地球同步轨道（Geosynchronous Orbit，GEO）

卫星。SpaceX 发射了其中 50% 的卫星。从铱星、数字地球公司微小卫星到行星实验室立方体卫星（又称立方星），近地轨道（Low Earth Orbit，LEO）卫星的数量相当多，而且增长迅速。SpaceX、ULA、Orbital 及其他公司的新的小型运载火箭也将发射越来越多的此类卫星（见图 1.2）。

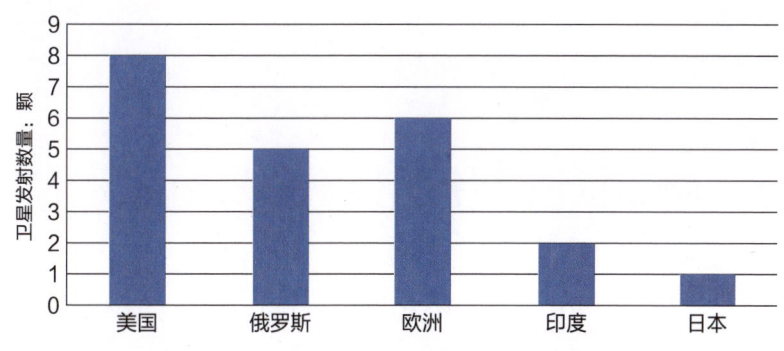

图 1.2　2015 年部分国家和地区商业卫星发射数量

随着 2011 年美国航天飞机的退役，轨道发射服务的需求自然增加。美国运载器的退出为以国际空间站（International Space Station，ISS）为目的地的发射服务创造了新的市场机会。目前，这一机会由 NASA 掌控，俄罗斯在为美国提供"联盟号"飞船发射服务时充分利用了这一机会。2009 年，NASA 与俄罗斯签署了一项协议，为美国和欧洲宇航员在空间站上工作约 6 个月提供相对长期的发射机会。NASA 和俄罗斯联邦航天局还签署了一份价值 7.19 亿美元的合同，根据该合同，美国宇航局向俄罗斯购买 15 个飞船座位并由其运送 5.6 吨的货物到空间站。2013 年，美国总统延长了与俄罗斯联邦航天局的合同，通过追加 4.24 亿美元修改该合同以获得运送宇航员到达国际空间站的服务。

这是 NASA 为新型航天公司提供的一个机会，由两家最终入围的公司在商业轨道运输服务（COTS）项目下，使用"龙"飞船和"天鹅座"飞船成功发射并与国际空间站对接进行空间探索。因此，在 NASA 商业轨道运输服务和商业乘组开发计划框架下，其货物运输航天器可以达到必要的成熟度和可靠性。

1.3　商业货运和宇航员乘组发射服务需求

在航天工业历史中，民用和军事机构客户对发射服务的需求产生强烈的影响，进而影响商业发射服务市场。

一般认为，搭乘商业航天运输舱前往国际空间站的载人飞行从 2017 年开始，2010 年至 2021 年 NASA 针对国际空间站的商业货运和宇航员乘组发射任务如图 1.3 所示。

美国联邦航空局（FAA）假设为国际空间站增加补给将需要大约 64 次商业化货物和宇航员发射服务，这意味着每年大约有 6 或 7 次重型运载火箭载荷发射。通过这种方式，NASA 为新型航天公司在国际空间站的服役期内提供了一个充足的发射市场。

如果毕格罗公司空间站被成功地开发、发射和使用，这些发射需求可能会增加。然而，在国际空间站退役之后，机构对商业货运和宇航员乘组发射服务的需求可能在几年内下降。需求减少的速度将直接

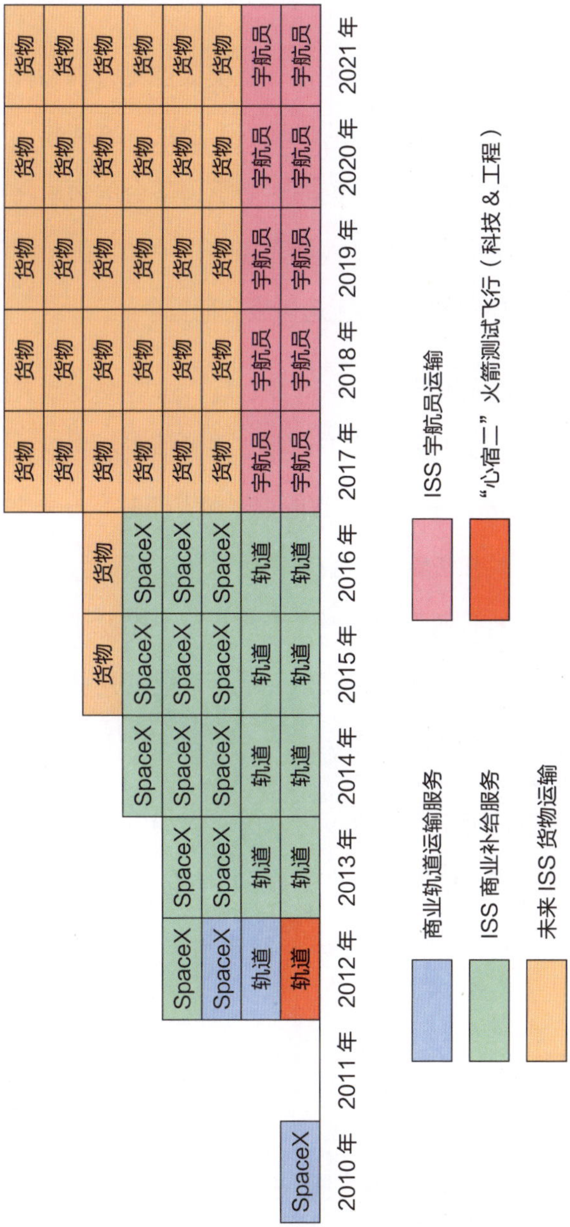

图1.3 商业货运和宇航员乘组发射任务

受到 NASA 和其他执行载人航天飞行探索任务的航天机构的影响，并将由机构客户主导。

然而，在国际空间站退役之后，人类太空飞行探索任务的缺乏，将给新型航天公司带来非常高的战略不确定性。2024 年国际空间站市场将进入市场演变成熟阶段，同时对微重力平台的需求将会持续。因此，新型航天公司将为向 NASA 和军事客户（如美国国防部和国防高级研究计划局）提供货物的航天运输服务而竞争[①]。

问题出现了：在国际空间站退役之后，这些商业载人运载器将会有什么用途？新型航天公司是否已经考虑其他新的想法，如毕格罗充气式空间站[②]、"火星一号"或其他空间探索任务[③]？未来的火星任务将对商业航天发射和货物运输服务产生需求，从而为新型航天公司开辟新市场。额外的商业货物发射服务需求可能来源于参与谷歌月球 X 奖或 NASA 月球催化剂项目的团队，他们可能使用新型航天公司的运载器将月球巡视器发射到月球。

为了防止因国际空间站退役带来的收入损失，新型航天公司已经开始争取发射通信、军用和对地观测卫星的发射合同。以 SpaceX 公司为例，发射任务清单已被超额预定以至于某些既定发射任务被推迟。

---

① 特别是对于那些正在开发像"龙"飞船、"天鹅座"飞船等 NASA COTS 计划下的载人级运载器的公司。

② 2016 年，BEAM 模块发射并与国际空间站对接，几天后被成功打开。

③ 未来火星探索任务也可被私人发起的项目驱动，类似于"火星一号"，将未来的宇航员送往火星的单程旅行。目前，未来火星探索任务的支持者认为，SpaceX 公司的重型"猎鹰"运载火箭提供了最经济的运输方式。

新型航天公司最有可能从向军事机构客户提供定期的货物发射服务起步，从而为他们的服务带来更多的需求，以使传统航天公司面临竞争压力。

1.4 亚轨道发射服务需求

2004 年，太空船 1 号的成功发射，在最近 12 年为以提供太空旅游服务为主要目标的亚轨道行业带来了希望。亚轨道运载器将飞行至 100km 到达太空边界并提供大约 4 分钟的微重力环境，这将为研究人员提供与到达国际空间站的飞行相比价格更低、飞行速度更高的短期飞行机会。

目前，亚轨道飞行器在美国和在欧洲都得到了高度宣传；新的亚轨道运载器正在开发，公司开始为有效载荷和微小卫星的发射向全球客户推广品牌并提供亚轨道运输服务。2014 年，维珍银河宣布，计划在阿布扎比建造一个航天港。

在过去几年中，亚轨道公司致力于在 LEO 发射微小卫星，为气象机构执行对地观测任务和抛物线飞行任务。亚轨道服务提供商的目标是向除太空旅游外的至少 8 个市场提供服务。根据 FAA 报告和 The Tauri 集团的研究（见图 1.4），他们的目标市场是商业化载人太空飞行、卫星部署、遥感、航空航天技术试验和演示、基础和应用研究、教育、媒体和公共关系，以及点对点运输。

需求最高的市场是太空旅游，根据 The Tauri 集团在 2013 年的预测，每年约有 373 个座位被预定。在受限的情景下，目前的座位预定数量的预期增长率达 4%；在基准情景下，预期增长率可达每年 18%，在增长情景下可达 40%。然而，要预测从 2013 年起，近 10 年的消费者行为是非常困难的；因此，受限情景更为现实。

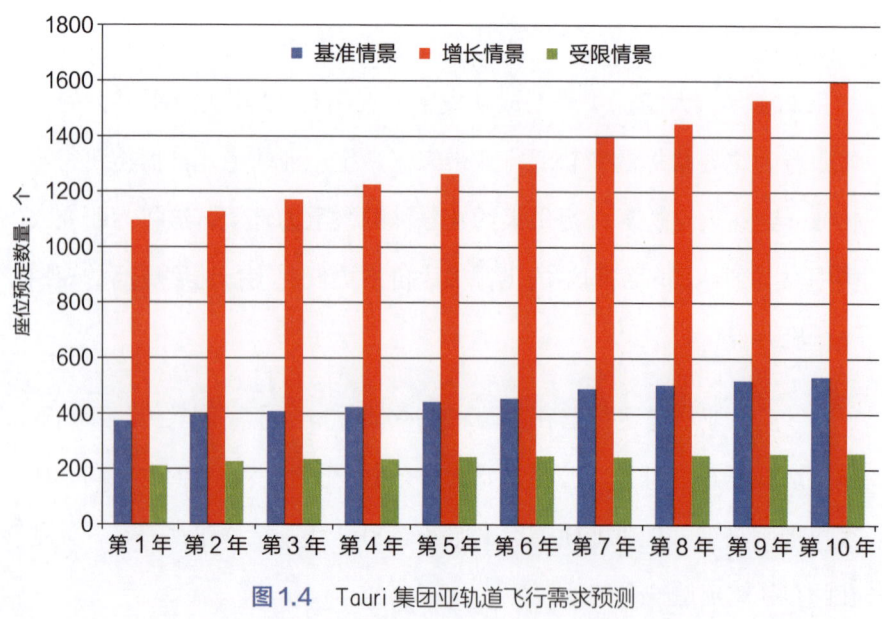

图 1.4　Tauri 集团亚轨道飞行需求预测

第二个预计需求高的市场是基础研究和应用研究市场，又称研发市场。这一市场与在亚轨道飞行器上成功开展和运行的，用于骨质疏松症、蛋白质结晶、细胞/组织工程和医疗设备测试的实验有关。与太空旅游相比，在亚轨道飞行器上飞行和测试有效载荷可能更便宜，适用于有效载荷飞行的安全规定也少于太空旅游。尽管如此，新型航天公司在开发这些市场时可能面临与国际空间站合作伙伴在开发新市场和吸引制药公司在微重力环境下开展研究时相类似的挑战。

在后国际空间站时代，鉴于 LEO 中没有任何其他的空间站，在可重复使用亚轨道飞行器上进行基础和应用研究的需求有可能增加，特别是航天机构将成为在亚轨道飞行器上进行实验的主要客户。因此，这一市场需求在未来可能会超过太空旅游市场。此外，某些新型航天公司可能会决定先开发这一市场，后开发太空旅游市场，因为太空旅游市场的安全和管理要求比为无人飞行提供符合条件的有效载荷更严格，价格也更昂贵。

第三个有潜力、但尚未开发的市场与使用亚轨道运载器发射微小卫星有关。目前，Virgin Galactic、XCOR、Starfighters、Dynetics、Interorbital Systems、Generation Orbit Launch Services 和 Microcosm 等公司都着手为发射微小卫星改造亚轨道运载器。为了说服投资者投入更多的资金为发射微小卫星改造亚轨道运载器，亚轨道发射服务提供商将不得不创造更加令人信服的商业案例并满足客户需求。

太空旅游活动、基础和应用研究的需求的增长都是可以预期的。后者的需求甚至可能会超过太空旅游市场。随着国际空间站预计在 2024 年退役，航天机构可能会转向在亚轨道平台上展开微重力试验。由于对飞行有效载荷的要求没有太空旅游那么严格，新型航天公司可能会首先开发这个市场。随着使用亚轨道运载器的微小卫星市场的潜在增长仍不明朗，预期增长 4% 的太空旅游市场可能足以刺激亚轨道行业的发展和市场的增长。

1.5 NASA 商业航天运输项目

2004年，布什总统宣布了美国的星座计划，目标是在2035年前完成月球和火星载人航天任务并返回地球，并通过 NASA COTS 项目鼓励商业航天运输能力的发展。与此同时，X 奖基金会与私人投资者共同创建了"Ansari X 奖"，该奖项将为第一个发射为期两周可重复使用载人飞船的非政府组织提供1000万美元的奖金。该奖项最终由伯特·鲁坦（Burt Rutan）凭借其设计的太空船一号（SpaceShip One）获得，开创了亚轨道可重复使用运载器发展的新时代，吸引了著名私人投资者的资金。私人投资者投资于开发商业化航天运载器的兴趣增加，太空旅游市场的良好前景和航天飞机的退役，以及 NASA 航天运输服务的需求，为 NASA 商业航天运输项目创造了良好的起步条件。这些项目均在 NASA 空间行动协议（Space Act Agreement，SAA）框架下，并使 NASA 有可能与工业界、外国政府和行业协会合作，以推进其太空任务。2006年，NASA 斥资5亿美元启动 COTS 项目，5000万美元被用于 CCDev 项目的开发。这些方案已经实施并激励了商业航天市场和新服务的发展，以及新参与者的加入。

2017年，唐纳德·特朗普成为美国总统，他支持 NASA 鼓励商业货运和宇航员乘组发射服务的方案，这可能会促进美国太空经济蓬勃发展。

1.6 世界范围航天活动协定

许多国家都已制订空间行动协议，以鼓励新型航天公司探索新的商业机会。

在欧洲，瑞典制定了一项航天活动协定，确立了在瑞典领土进行航天活动的许可证管理制度。

在美国，NASA 与 SAA 下的各种组织合作并为该行业提供新的商业机会，在 SAA 下的各种协定分为可偿还的、不可偿还的、有资助的、无资助的和国际性的。通过有资助和无资助的协定，NASA 鼓励美国商业货运和宇航员乘组发射能力的发展。截至 2014 年，NASA 已与以下公司签署有资助的[①]和无资助的[②]航天活动协定：

- 有资助的宇航员 SAA：第一轮——蓝色起源、波音、内华达公司（Sierra Nevada Corporation，SNC）、联合发射联盟（United Launch Alliance，ULA）、百诺肯空间开发公司。

- 有资助的宇航员 SAA：第二轮——蓝色起源、波音、内华达公司、太空探索技术公司。

[①] 有资助的协定是指协定中具体的商业载人/货运服务属于NASA任务。
[②] 通过这些类型的协定，NASA鼓励这类公司通过共享货物和载人运载器的技术需求来开发创新技术。

- 有资助的货物 SAA：轨道科学公司、SpaceX。

- 无资助的宇航员 SAA：第二轮——阿联特技术系统公司（Alliant Techsystems Inc，ATK）、Excalibur Almaz 公司、联合发射联盟。

SAA 为各行业提供了轻松获取 NASA 空间工程能力的机会，并使其对 NASA 关于货运和宇航员乘组发射服务的需求有更好的了解。对 NASA 而言，这样做的好处是可以获得各种经营商业载人/货物航天运载器的供应商。作为新型航天公司的主要客户之一，NASA 有购买力，可以就使用更低价格的商业货物和宇航员乘组发射服务与新型航天公司进行谈判。

在亚洲，日本是一个拥有完善的"宇宙活动法"的国家，该法案鼓励私营公司发射卫星并促进空间技术的商业化。

1.7 商业轨道运输服务项目

2006 年，NASA 启动了商业轨道运输服务项目，最初的预算是 8 亿美元，目的是鼓励商业航天产业的开发并展示安全、可靠、经济有效的航天运输能力。这些公司只有在技术概念发展到一定的里程碑时，才会得到经费回报。

- 能力 A——外部/非承压货物交付和处置。

- 能力 B——内部/承压货物交付和处置。

- 能力 C——内部/承压货物交付和返回。

- 能力 D——宇航员乘组运输。

2006 年，太空探索技术公司、火箭计划奇石乐、轨道科学公司三家公司被选为 COTS 项目的资助对象。然而，2007 年由于资金和技术上的短缺，NASA 终止了与火箭计划奇石乐的协议。剩余两家公司都致力于开发集成货物运输系统，包括火箭和货物舱/宇航员乘组舱。

太空探索技术公司公司赢得了一份 3.96 亿美元的合同，开发"猎鹰 9 号"运载火箭和"龙"飞船；而轨道科学公司赢得了价值 2.88 亿美元的合同，开发安塔瑞斯运载火箭和"天鹅座"飞船。

自 2010 年以来，太空探索技术公司已多次成功发射"猎鹰 9 号"运载火箭，几次发射"龙"飞船，这是第一个访问国际空间站的商业化航天运载器。太空探索技术公司额外获得了 16 亿美元资金，用于给 NASA 及其国际空间站合作伙伴提供至少 12 次货物再补给任务。安塔瑞斯运载火箭于 2013 年发射，"天鹅座"飞船成功地与国际空间站对接。除此之外，轨道科学公司还与 NASA 签署 19 亿美元的合同，用于为空间站提供至少 8 次货物再补给任务。通过 NASA COTS 项目，NASA 可以使用两种航天运载器和货运飞船。通过实施 NASA COTS 项目，NASA 可能会获得更低的技术开发和运营成本并实施对 NASA 具有吸引力的计划，为航天工业提供一个商业化机会。此外，NASA 可能向国际空间站的其他合作伙伴提供使用"龙"飞船和"天鹅座"飞船的机会，将他们的货物运输到国际空间站，从而间接支持美国新型航天公司进入新的国际市场。

因此，投资开发和发射 ATV[①] 及 H-II 等运载器的航天机构将面临来自"龙"飞船和/"天鹅座"飞船的竞争。此外，由于预算压力，以及新型航天公司较低的发射价格，某些国际空间站合作伙伴可能选择使用新型航天公司的服务。这在短期内可能是有益的，但可能危及致力于 ATV 及 H-II 运载器发展的国家航天公司的未来发展。

太空探索技术公司的"猎鹰"运载火箭和"龙"运输飞船的成功发射证明了 COTS 项目的潜力。在长远的未来，NASA 小行星任务中的创新月球演示数据（Innovative Lunar Demonstration Data，ILDD）计划中可能会讨论与 COTS 类似的方案。NASA COTS 项目真正的成功只有在展示出安全、可靠和具有效费比的可持续航天运输能力时，甚至是在国际空间站退役之后才会展现出来。这个项目鼓励美国新型航天公司不仅要开发新的货物/宇航员发射和转移飞行器，而且要进入国际航天发射市场，与传统的航天公司竞争。

1.8　商业乘组开发计划

除商业轨道运输服务项目之外，NASA 还资助和管理了商业乘组

---

① ATV 项目最初计划为国际空间站建造和发射 7 个 ATV。然而，仅有 5 个发往国际空间站；许多专家认为 ATV 是最贵的运载器之一。

开发计划。该计划的目的是鼓励私营公司发展和展示安全、可靠和具有效费比的航天运输能力，例如发射运载器和太空飞船。此计划包含三个阶段：CCDev1、CCDev2 和 CCDev3。CCDev3 被重新命名为商业化乘组集成能力（Commercial Crew Integrated Capability，CCiCAP）。该计划项目的目标是运送和返回 4 名宇航员，在紧急情况下保证宇航员安全返回并保持运载器与空间站对接 210 天。

CCDev 计划始于 2010 年，为 5 家公司提供了约 5000 万美元奖金。被选中的公司有蓝色起源、波音、百诺肯空间开发公司、内华达公司和联合发射联盟。

第二轮商业乘组开发计划（CCDev2）于 2011 年 4 月启动，当时 NASA 奖励四家公司近 2.7 亿美元用于帮助其未来发展和展示安全、可靠、具有效费比的航天运输能力。

- 蓝色起源——研制发射中止系统和复合压力容器等。

- 波音——为 7 名宇航员和货物的配置开发 CST-100 太空舱段。

- 百诺肯空间开发公司——开发环境控制、生命支持系统（Environmental Control and Life Support System，ECLSS）和空气活化系统（Air Revitalization System，ARS）。

- 内华达公司——开发"追梦者"亚轨道和轨道飞船，该飞船将运载货物或最多 8 名乘客。

- 联合发射联盟——开发载人等级的 EELV 运载火箭的紧急状态识别系统（Emergency Detection System，EDS）。

- 太空探索技术公司——"龙"飞船发射中止系统。

第三轮商业乘组开发计划（CCiCAP），始于 2012 年 8 月并持续到 2014 年。其目的是支持业界成熟的设计和发展集成商业化运输系统（Commercial Transportation System，CTS）。第三次被选中的公司是内华达公司，将开发"追梦者"飞船/大力神 V 运载火箭系统；太空探索技术公司，开发"龙"飞船/"猎鹰"运载火箭系统；波音公司开发 CST 100/大力神 V 运载火箭系统。CCDev/CCiCAP 资金分配（2010—2014 年）按方案阶段划分的拨款情况如图 1.5 所示。

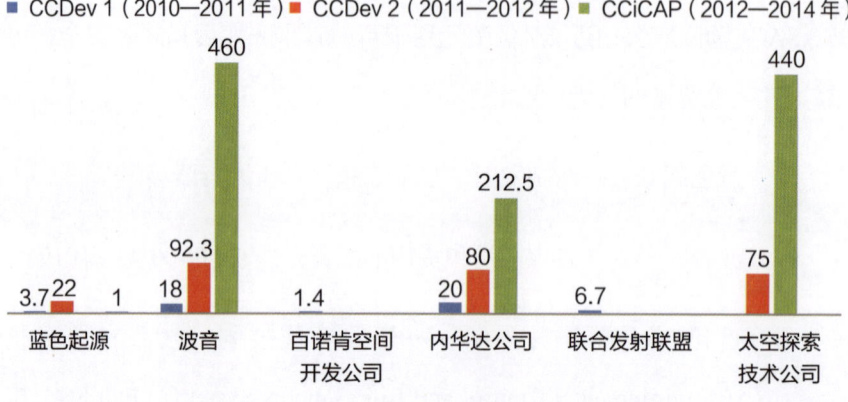

图 1.5　CCDev/CCiCAP 资金分配（2010—2014 年）

波音、太空探索技术公司和内华达公司是 CCiCAP 项目中获得资金最多的三家公司。2017 年，轨道科学公司已经建造并发射了"天鹅座"飞船，太空探索技术公司发射"龙"飞船，而内华达公司计划于 2020 年向国际空间站发射"追梦者"飞船。

自 2019 年，太空探索技术和波音公司将提供运送宇航员飞往国际空间站的运输服务。NASA 已选择波音 CST-100 星航线概念和太空探索技术公司"龙"飞船向国际空间站运送宇航员。

在 CCDev2 中，NASA 也选择了来自像 ULA、ATK、EADS Astrium 和 Excalibur Almaz 等公司的"无资助的协定"。遗憾的是 Excalibur Almaz 被清算破产，它唯一的太空舱也被拍卖了。

然而，在 CCDev2 中选出的无 NASA 资助的协定不应该被忽视。三家公司被 NASA 选中，他们自行出资开发技术，并将与 NASA 合作开发以下项目：

- ULA 提议对载人级的大力神 V 运载火箭的发射装置开展改进工作。NASA 签署了 SAA，以共享关于载人级的大力神 V 运载火箭的信息。

- ATK 和 EADS 提出基于"战神 1 号"和"阿里安 5 号"运载火箭开发"自由号"火箭。NASA 通过这份协定分享专业知识和技术。

目前这些协定没有资金支持。然而，如果上述公司在技术开发方面取得成功，NASA 可能会根据其任务需求和资金的变化而改变政策并为其提供资金。上述公司或许能够吸引足够多的非 NASA 客户进入新市场。因此，NASA 对进一步发展他们的概念和产生足够的创新很感兴趣。

1.9　NASA CCP 项目

NASA CCP 项目的目标是开发航天运输系统，将宇航员安全地运送到国际空间站。航天机构将 CCP 项目视作新技术开发的成本分摊项目。

NASA 确定了载人航天器的技术要求，例如，要求航天器携带至少 4 名宇航员，必须能够在太空发生紧急情况时提供安全避难所，并能够与空间站对接至少 210 天。这些公司提出自己的设计来满足以上需求并主导这些设计实施方案的开发。NASA 和这些公司就监管框架、开发进度和测试达成一致，以确保系统确实满足这些要求，使 NASA 满意。

CCP 由几个阶段组成，每个阶段都包括特定的目标、参与者的多轮选择、单独的资金申请和合同。各阶段包括：

- 商业化宇航员乘组开发（CCDev）——分解为 CCDev 1 和 2。

- 商业化宇航员乘组集成能力（CCiCAP）——CCDev 3 的初始状态。

- 商业化产品合同（Commercial Products Contract，CPC）——CCP 阶段 1。

- 商业化宇航员乘组运输能力（Commercial Crew Transportation

Cpability，CCtCAP）——CCP 阶段 2 的新名称。

CCP 内部有复杂的政治因素，美国国会中的一些实权派人物试图减缓甚至扼杀这个项目。几年来，CCP 项目得到的资金远远少于奥巴马政府所要求的。围绕 CCP 的政治斗争不在本书的讨论范围之内，只是指出这些斗争是使项目的年度经费增长缓慢的原因之一。

1.10　NASA 飞行机会项目

NASA 飞行机会项目为公司和大学提供了在亚轨道飞行器、抛物线飞行和高海拔气球上进行技术试验的搭载机会。NASA 已经提供了 350 万美元的资金，用于测试约 14 项将在商业亚轨道飞行器上进行的实验。实验将对主动热管理、先进航空电子设备、定点着陆和先进空间推进系统展开研究。他们将在太空船 2 号和泽罗（Xaero）亚轨道飞行器上进行测试，未来还将在山猫（Lynx）运载器上进行测试。

NASA 已与以下 6 家公司签署商业合同：

- 蓝色起源。

- Masten 太空系统。

- 近太空公司。

- Up 宇航。

- 维珍银河。

- 世界视角。

该计划提供了其他可重复使用的亚轨道飞行器平台,如 SpaceLoft tm XL、mCLV-RSR 和 STIG,也提供了高空气球。例如,SS2 在 NASA 的飞行机会项目(见图 1.6)中的首次飞行曾计划在 2014 年年中进行。

图 1.6　NASA 的飞行机会项目

NASA 飞行机会项目鼓励新技术和研发市场的发展,它为亚轨道服务提供商提供了一个机会,积累大量的飞行次数以提高选定的商业可重复使用的亚轨道飞行器的可靠性,从而间接地从 NASA 及科学、技术、工程和数学(STEM)界了解研发客户的有效载荷需求。

这是否意味着这些新太空亚轨道飞行器公司也在为争取 NASA 及科学、技术、工程和数学界的客户而竞争?NASA 飞行机会项目中的第一批新型航天公司会为后续的新型航天公司创造很高的市场准入壁垒。那么问题出现了：NASA 是否允许研究人员将其他可重复使用的亚轨道飞行器纳入飞行机会项目？飞行机会项目将为同样飞行器上的研究提供多久的资助？这将使新来者失去进入 NASA 飞行机会项目的动力，从而限制对用于研究实验的亚轨道飞行器平台的选择。

2014 年，NASA 根据飞行机会项目选择了 12 个将搭载在 SS2 上的实验。因此，维珍银河将有机会了解有效载荷集成的 STEM 研发需求、获得有效载荷集成能力并可能明确微重力研发市场的目标。

然而，只有拥有运营的亚轨道飞行器的公司才可以获得最终客户的需求。没有达到同等技术水平的公司可能会落后，一旦落后可能会面临"不公平竞争"，因为第一批入场的公司已经从 NASA 获得了机构客户。STEM 市场是一个小市场，NASA 是主要参与者；它是一个盈利能力低、产生"规模经济"潜力有限的市场。因此，这个市场将很难维持新来者，甚至不能维持那些已站稳脚跟的参与者。

尽管如此，NASA 飞行机会项目为新太空亚轨道公司提供了构建飞行可靠性、技术改进和获得未来客户的机会。其目标可能是发展微重力研发市场。

1.11　商业航天能力合作项目

除了资助的项目，NASA 还启动了商业航天能力合作项目

（Collaboration for Commercial Space Capabilities，CCSC），与各公司合作设计并开发商业化月球着陆器。此项目是无经费资助的。CCSC 项目的目标是鼓励私营公司的航天集成能力发展，使政府和非政府客户能够获得商用新兴产品或服务。通过月球催化剂项目，NASA 正在鼓励该行业开发商通过月球货运能力将有效载荷运送到月球表面。

NASA 最新选择的合作公司如下：

- 宇宙机器人技术——为格里芬着陆器的精确制导开发飞行软件的第一个版本。

- Masten 空间系统——开发 XEUS 着陆器。

- 月球快车——开发 MX-1 着陆器。

3 年内，NASA 将通过工程专业知识、测试设施、设备承载和/或着陆器开发和测试软件等多种方式提供支持（见图 1.7）。

尽管月球采矿在资源开采（氦 3）的背景下成为备受关注的议题，但商用月球着陆器的未来市场仍不明朗。如果新型航天公司开发新的商用机器人着陆器，NASA 将掌握这些着陆器的相关知识并有机会使用。此外，新型航天公司在开发更便宜、更小型化的商用月球着陆器方面的经验，可能对 NASA 未来的机器人任务有益。NASA 作为客户也能够以与 COTS 项目类似的方式购买商用月球着陆器服务，无须在着陆器的技术开发上投资。其所选择的技术概念将与参与谷歌月球 X 奖的概念类似。

如果商业化月球市场被成功开发（如商用机器人资源开采，或在月球重力下开发新药物，或开展教育活动），NASA 将能够获得政治支持并证明未来的小行星采样返回任务（Asteroid Retrieval Mission，ARM）是合理的。

(图源：NASA)

图 1.7 NASA 月球探测

尽管人们对谷歌月球 X 奖的兴趣显示了强大的商业可能性的事实，但商业化月球市场的潜力仍是未知的和未被开发的。

1.12　NASA 商业数据中继卫星

NASA 发布一份提案：商业公司可以通过 NASA 给火星客户提供

中继服务，包括着陆器、巡视器，以及未来可能的特别飞行和轨道飞行器。商业公司将拥有并运营中继卫星，而 NASA 将在一段时间内提供服务。NASA 的想法是鼓励创新和高效费比的想法①，来满足火星着陆器的通信需求。

数据中继服务是为当前和未来的火星任务而提供的，例如，火星大气与挥发演化（Mars Atmosphere and Volatile Evolution，MAVEN）项目，以及欧洲火星快车（ExoMars）任务。除 NASA 外，ESA 等其他航天机构可能会购买数据中继服务，以支持其任务中的数据通信。此外，未来的其他火星任务，如火星 1 号，可能会使用这些服务来补充自己的服务。

2018 年，发射火星边界演示任务和通信卫星。未来数据中继服务的提供商不仅可以瞄准 NASA 和 ESA 等客户，还可以为火星 1 号等新型航天公司的任务提供服务。此外，确保航天机构成为商业数据中继服务的最终客户将吸引私人投资者参与该项目。尽管如此，某些商业公司可能由于运行费用高而不愿运营这类轨道飞行器。然而，这些公司可以从 NASA 获得初始支持，以平衡与高运营成本相关的风险。

上述倡议为新型航天公司和传统航天公司开辟了新的商业机会，将给航天机构和商业公司带来利益。

---

① NASA成功地演示了利用月球大气层和尘埃环境探索者（Lunar Atmosphere and Dust Environment Explorer，简称LADEE）飞行器在月球对地球进行光通信的技术，下行通信速度为622Mbps。还演示了从新墨西哥州的主要地面站向绕月航天器传输的零误码率数据，上行速率为20Mbps。

1.13　经济影响

商业化航天运输服务的市场演变将导致其他产业领域的经济溢出，如信息技术、房地产、制造业等。新创建的市场将在不同的市场结构中演化——某些市场可能类似于垄断，因此，新进入者可能会面临各种较高的市场准入壁垒。此外，考量新型航天公司的经济效益将吸引机构和私人投资。

1.13.1　市场结构

在商业化航天运输市场的演变中，新型航天公司起初将依靠 NASA COTS、CCDev 和其他项目的资金。部分项目将有机会了解 NASA 研发要求和 STEM 界的需求。因此，获得 NASA 飞行机会项目的部分公司将对新来者形成较高的市场准入壁垒。

为了防止垄断市场的形成，NASA 将不得不仔细审查 COTS 和 CCDev 项目的提议要求。这将阻止新型航天公司对未来参与者形成过高的市场准入壁垒。

1.13.2　经济效益

2016 年，美国新型航天公司数量达 50 多家，给美国带来了经济利益，例如，增加就业、提高财政收入、增加航天技术创新项目等。尽管如此，目前的经济形式仍对新型航天公司拿到风险投资和赢得政府支持不利。政府需要证明其航天技术投资的合理性，但终将为了减少航天任务成本而开始采用商业航天运输公司的服务。

直接和间接的经济效益是相互依赖的：某些源于某种经济活动的就业和财政收入在其他方面产生经济溢出，如信息服务、制造业、房地产、租赁、金融、保险、健康护理、教育等。例如，2010 年 FAA 统计商业航天运输服务在其他行业的经济影响，包括就业、经济活动（货物/服务产生的经济价值）、收入和就业人员薪资。

商业航天运输活动的经济溢出效应将可能加剧这一市场的演变。未来欧洲的行政机构，如国家航天局可能会考虑衡量新兴航天活动在其他行业（如房产、健康、教育等行业）的经济溢出。

尽管如此，新型航天公司将不得不吸引私人投资并发展其商业模式，计算其净现值（Net Present Value，NPV）、回报率，进行敏感性分析、SWOT 分析，以及评估其活动的社会经济影响。可能存在以下情况：

- 直接效益——就业、新兴航天应用市场、贸易财政收入、成本节约、技术可靠性和可操作性水平。

- 间接效益——免费宣传、技术创新、国际合作、教育和环境监测/保护。

就新型航天公司带来的经济效益而言，这样的例子很多。在轨服务市场公司，如太空探索技术公司，它既产生直接效益又产生间接效益。例如，太空探索技术公司的直接效益包括约 2000 个就业岗位、贸易财政收入、客户成本节约、技术互操作性、免费宣传和国际合作。增加的成本节约源于太空探索技术公司为客户提供更低的发射成本，这归功于其自主研发、设计和生产一体化且无分包商。加上扩张性的商务开发，这使其获得有竞争力的市场定位、更低的发射价格，并将竞争压力转到传统运载器上，如阿里安 5 ECA、质子 M 及其他运载火箭。

太空探索技术公司凭借其"猎鹰 9 号"运载火箭为商业化卫星运营者提供具有竞争力的价格。蓝色起源的"新格伦"第一级可回收运载火箭在 2020 年从卡纳维拉尔角航天发射场发射，也提供了具有竞争力的发射价格。2021 年其第一个客户是 Eutelsat 公司，一个习惯于使用"阿里安 5"火箭发射卫星的欧洲航天组织。

这一价格不仅给传统的航天发射服务带来竞争压力，也给阿里安航天公司提供的具有竞争力的低成本发射服务带来了巨大压力。ESA 和欧盟针对长远的未来可能会决定建立一个联盟机构，该机构的目的不仅是执行欧盟航天战略，而且将有助于支持欧洲航天公司保持竞争力并开发新服务。

国际空间站与"龙"飞船舱段的技术互操作性的结合，已获得大规模的公众支持和全球免费宣传。此外，将采用"猎鹰 9 号"运载火箭运载"龙"飞船太空舱飞往未来商业化空间站的国际客户与毕格罗航天公司建立的合作关系也将产生直接效益。显然，新型航天公司可以轻松地展示其业务并为美国带来经济效益。

经济效益也可从亚轨道竞争市场中看到。例如，有两家欧洲新型航天公司发展亚轨道飞行器，如维珍银河宣布其开发的"发射者1号"可以发射重达100kg的微小卫星。这两家公司都将开发新市场并从机构客户和商业客户销售额中产生税收收益。如果成功发射，他们将可以提供有竞争力的价格，使客户节约成本。间接效益，如技术创新、宣传等也应得到重视，因为这些对直接效益产生直接的影响。如维珍银河已经成功地证明，出色的宣传不仅将增加客户，而且也会带来间接的好处，比如在环境监测方面与美国国家海洋和大气管理局（NOAA）等机构建立国际合作伙伴关系。

1.14 结论

本章已讨论了商业航天发射服务市场的需求，介绍了航天机构商业航天运输项目，说明了这些项目在新兴航天市场和未来航天机构探索任务中的作用。

NASA COTS 项目是为满足机构进入国际空间站的需求而创建的，其目标是降低技术开发成本并鼓励发展一种为机构和商业客户服务的新型航天运载器。

COTS 和 CCDev 项目满足 NASA 为空间站运输宇航员和货物的要求，减少了对俄罗斯宇航员和货物运输的依赖。为防止因空间站退役造成的财政收入损失，新型航天公司已经争取通信、军用和对地观测卫星的发射合同，这些卫星在 2021 年后将搭载在其运载器上并以这种方式与传统航天公司展开竞争。

不论是太空旅游需求的增长，还是基础及应用研究需求的增长都是可以预期的，后者的需求甚至超过了太空旅游市场。鉴于国际空间站预计于 2024 年退役，航天机构可能会转向亚轨道飞行器平台进行微重力实验。新型航天公司可能转而开发这一市场，因其有效载荷与太空旅游相比，要求更为宽松。然而，这些公司可能面临与国际空间站合作伙伴在 20 世纪 90 年代后期开发这些市场时类似的挑战，这将在第 6 章中讨论。同时，微重力研发市场使用亚轨道飞行器的潜在增长仍不明确，太空旅游市场 4% 的预期增长可能足以激励亚轨道飞行服务行业的发展。

太空探索技术公司的运载器和"龙"飞船的成功发射展示了 COTS 项目的潜力。面向 NSAS 小行星任务的长远未来，可能会讨论一个与 COTS 类似的项目——NASA 创新月球演示数据项目（Innovative Lunar Demonstration Data，ILDD）。NASA COTS 项目真正的成功要在其展示安全、可靠和高效费比的可持续航天运输能力之后，甚至是在国际空间站退役之后才可以确定。这个项目鼓励美国新型航天公司进入国际航天发射市场并与传统航天公司竞争。NASA 飞行机会项目为新型亚轨道服务公司提供构建飞行可靠性、提高技术水平和得到未来客户的机会。这一项目也可能会给新进入的参与者带来较高的市场准入壁垒。

"猎鹰9号"运载火箭和"新格伦"可回收运载火箭给出的具有竞争力的价格，不仅使传统的航天发射服务面临竞争压力，而且使阿里安航天公司提供的具有竞争力的低成本发射服务面临巨大的压力。

尽管新型航天公司对谷歌月球X奖感兴趣的事实是一个积极的迹象，但商业化月球开发市场的潜力仍是未知的、未被开发的。

在NASA发布的一份提案中，商业公司可以为NASA提供中继服务以支持未来火星任务，包括着陆器、巡视器，以及未来可能的特别飞行和轨道飞行器。

上述举措为新型航天公司和传统航天公司开辟了新的商业机会，将给航天机构和商业公司带来利益。

商业航天运输服务市场的演变将导致其他行业的经济溢出，如信息技术、房地产、制造业等。新创建的市场将在不同的市场结构中演化，某些市场可能类似于垄断，因此，新进入者可能会面临各种较高的市场准入壁垒。此外，考量新型航天公司的经济效益将吸引机构和私人投资。

第 2 章

商业航天市场和
利益相关方

2.1 简介

本章介绍和分析了商业航天市场的过去和现在。太空经济有望在未来几十年内成为一个价值数万亿美元的行业。在过去 16 年里，超过 130 亿美元（Thomas 2017）被投资于与太空相关的初创公司和航天公司，新的太空时代已经成为现实。分类和分析使新型航天公司能够选择未来主要发展的商业航天市场。这些市场包括商业航天运输、轨道和亚轨道太空旅游、研发商业有效载荷（如仪器等）、卫星在轨维护、原位资源开采和空间碎片防护。新型航天公司（SpaceX、Blue Origin、XCOR、Armadillo Aerospace 等）、服务供应商（Space Adventures、Virgin Galactic 等）、航天机构（NASA、ESA 等）、商业航天飞行联盟（Commercial Spaceflight Federation）、目标客户和利益相关方均将在本章进行讨论。

2.2 背景

以导航、通信、对地观测等空间系统为基础的空间应用对保障人们日常生活的安全至关重要。从事石油和机架定位、灾害管理、精准农业、气象、环境和通信的公司为国民经济提供了最有价值的服务。在过去的 15 年里，由非航天公司在国际空间站上开展的新药开发、骨质疏松症研究、蛋白质结晶生长、轻质和纳米材料开发，以及远程医疗的研究，均证明了国际空间站在商业航天市场的成功发展和存在。这些市场发展的初期阶段始于 20 世纪 90 年代中期，我们将在第 3 章中对此进一步讨论。当时，最初的市场已经确定，但客户仍然未知且利润为负，航天机构对这些商业航天活动进行严格的监管。直到早期的技术采用者开始向国际空间站上的研发实验投资时，国际空间站市场才进入了增长阶段。竞争导致国际空间站上的商业有效载荷数量大量增加，像 NanoRacks 这样的公司在国际空间站上部署了立方星，这些都使国际空间站市场进入了激增阶段。

这些活动激励了私人投资者对轨道、亚轨道商业航天货运，以及载人航天器的投资和开发。所有这些开发都将使未来商业航天市场突破近地轨道（Low Earth Orbit，LEO），向卫星在轨维护、空间碎片清除和原位资源开发的方向演变（见图 2.1）。

（图源：NASA）

图 2.1 国际空间站、BEAM 模块、"龙"飞船和"天鹅座"飞船与国际空间站对接

新航天利益相关方对商业航天运输服务市场潜力的强烈信心是由 2011 年航天飞机退役、2005 年 NASA 启动 COTS/CCDev 项目，以及 2004 年太空船一号成功发射第一个亚轨道运载器所驱动的。国际空间站预计将在 2024 年退役，如第 1 章所总结的，新型航天公司为进入市场而与传统航天公司开展必要的竞争，可能会使其面临诸多挑战，例如，来自全球的技术/解决方案的激烈竞争、为技术开发吸引风险投资的困难，以及对单一机构客户的依赖。

航天机构也可以为未来的月球和火星探测任务或空间碎片任务创建类似 COTS 模式的项目，从而使新型航天公司开始向航天机构提供服务。航天机构在和平号空间站和国际空间站商业化的初始阶段所获得的经验教训，可以供新型航天公司在开发商业航天市场时参考。新型航天公司也可能瞄准与国际空间站类似的研发市场（如药物开发、骨质疏松症研究等）或娱乐业（如太空旅游）。航天初创市场将经历与国际空间站市场相同的发展阶段。

新型航天公司在进入和创建新的航天市场和应用的时候，将经历与其利益相关方在国际空间站市场发展的早期阶段所面临的相类似的过程（见图 2.2）。以下所述的市场发展阶段是首次在某个市场上推出创新产品或服务的自然进程。俄罗斯和平号空间站的服务/产品和 20 世纪 90 年代中后期的国际空间站商业化初期都经历了以下几个阶段。图 2.2 展示了国际空间站市场的发展与航天机构对国际空间站在项目和市场开发上的投资的对比。

第 2 章　商业航天市场和利益相关方

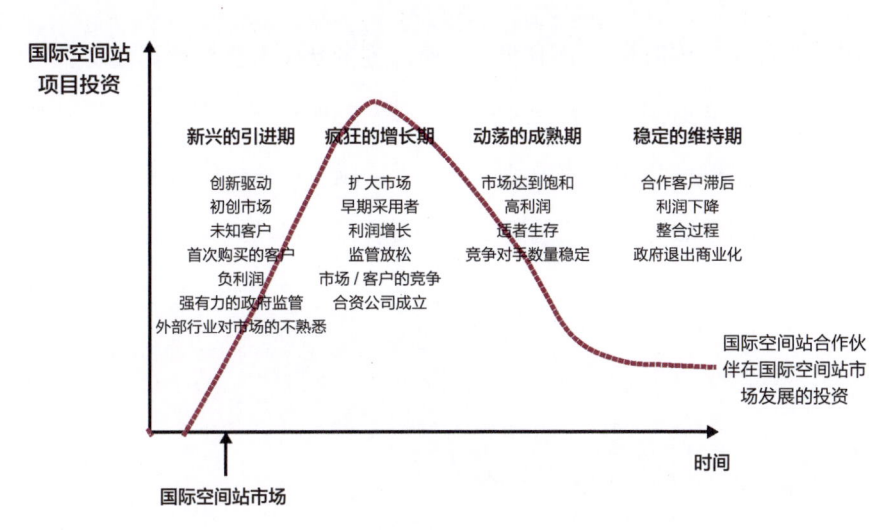

图 2.2　国际空间站市场的演变与航天机构对国际空间站项目投资的对比

坐标轴：纵轴为"国际空间站项目投资"，横轴为"时间"。

四个阶段及特征：

新兴的引进期
- 创新驱动
- 初创市场
- 未知客户
- 首次购买的客户
- 负利润
- 强有力的政府监管
- 外部行业对市场的不熟悉

疯狂的增长期
- 扩大市场
- 早期采用者
- 利润增长
- 监管放松
- 市场/客户的竞争
- 合资公司成立

动荡的成熟期
- 市场达到饱和
- 高利润
- 适者生存
- 竞争对手数量稳定

稳定的维持期
- 合作客户滞后
- 利润下降
- 整合过程
- 政府退出商业化

横轴起点标注："国际空间站市场"
曲线末端标注："国际空间站合作伙伴在国际空间站市场发展的投资"

在国际空间站商业化初期，这一进程面临的最大挑战是假设已经有一个市场存在，并且这个市场就像第 3 章中论述的一样容易创建。客户和市场都是未知和未开发的。由于不同行业（如制药、汽车等）的客户拥有不同的价值链，因此商业航天市场的多样性将对企业构成挑战。此外，在空间站上进行的多学科科学研究显示了市场应用的多样性，以及开发这些市场和客户所面临的挑战。对于某个市场和客户而言，服务多样化往往出现得太早。客户经常会发现研发实验的开发和推出时间过长，使其无法快速地将产品推向市场，即客户等不了这么长的"上市时间"。因此，非航天客户可能难以理解微重力的好处，以及开发、验证和将研发有效载荷运送到空间站发射的复杂性。然而，国际空间站商业化早期的微重力条件下蛋白质结晶生长案例表明，来自地面的蛋白质结晶生长技术的竞争可能会阻碍其初期阶段的市场发展。除了与新市场开发相关的风险外，企业还可能遇到因重大事故而产生的负面宣传所带来的困难。此外，过多受航天机构预算波动影响的风险可能会迫使新型航天公司停止开发其航天器（例如，由于机构类客户提供的资金减少或波动）。由于依赖于向单一的政府客户提供商业航天运输服务，新型航天公司在发展自我可持续市场方面也可能受到限制。

2.3　市场细分的挑战

　　由于新型航天公司提供的商业航天运输服务的多样性，对商业航天市场进行描述和分类是一项困难的任务。服务的范围从轨道和亚轨道载人/货物运输、原位资源开发、微重力下 3D 打印到将研发有效载荷集成在空间站上。从材料科学到生物科技及生物研究，在国际空间站上进行的研发实验的多样性为国际空间站商业航天市场的分类增加了额外的复杂性。新型航天公司不仅要面对技术上的挑战，还注定要面对政治和商业管理上的挑战。例如：

- 客户和市场都是未知和未开发的。

- 目标商业航天市场的多样性——客户——将根据其行业（制药、汽车、采矿等）拥有不同的价值链。

- 颠覆性技术和创新导致未知市场的发展，并吸引早期的技术采用者作为客户。

- 缺乏能够向首次客户提供的明确的直接或间接利益的定义、历史统计信息和市场信息。

某些新型航天公司面临的挑战可能会得到缓解，而另一些则可能会进一步加剧。

2.4 商业航天市场概述

商业航天市场是"客户驱动"的市场，对太空服务、产品或有效载荷（如实验）的需求由传统或新型航天公司来满足，这些公司提供各类服务或产品，如卫星通信、导航、对地观测、火箭发射或其他服务。

可持续发展的新兴航天市场有望为机构和商业客户提供负担得起的服务。许多作者已经对创建自我可持续市场的相关问题进行了进一步的研究，Pittman（2015）确定了下列里程碑：

（1）人员和货物能够频繁、可靠、廉价的进入近地轨道。

（2）能够将有效载荷和乘客从近地轨道转移到其他行星轨道的运载工具。

（3）为在地月轨道空间（Cis-Lunar Space，简称 CLS）开展的行动提供所需材料的太空资源提取和处理系统。

（4）在近地轨道和地月轨道空间中能够支持小行星和火星任务的资源库。

（5）建立可靠的高带宽通信和导航。

（6）能够将人员和设备降落在拥有巨大引力场的物体上的着陆器。

上述里程碑表明了创建一个可持续发展的新兴航天市场环境的长期愿景，该环境还包括卫星在轨维护、原位资源开采，以及其他能力。目前，NASA 通过其 COTS 项目为各公司开发运载火箭和转移飞行器提供了机会，从而使其能够频繁、可靠和廉价地访问近地轨道。不过，如第 1 章所提到的，一旦实现了频繁和廉价地进入近地轨道的里程碑，NASA 就可能会去实施其他类似 COTS 的月球探测项目。考虑到愿景和设定的里程碑，新兴航天市场可以分为以下几个探测领域：星际探测（如太空资源提取、月球/小行星资源开采等）、地球轨道探测（如国际空间站利用、空间碎片减缓、卫星在轨维护等）、地球亚轨道探测和航天港（见图 2.3）。

图 2.3 新兴航天市场的主要组成

目前，地球轨道探测市场是最成熟的，这是由于国际空间站利用率的提升和国际空间站的合作伙伴计划激励了其自身的商业化，在过去 15 年间使许多商业实验在空间站上得以开展。其他细分市场正在形成，而像亚轨道探测市场一样的市场自 2004 年以来就已经引起了私人投资者和公众的强烈关注和兴趣。

涉及上述市场的新型航天公司需要解决以下问题：他们的目标市场是什么？他们的目标客户是什么？新兴航天市场之间的依赖关系是什么？他们的商业案例是什么？他们面临的主要市场风险是什么？亚轨道公司如何吸引客户将研发有效载荷装到他们的运载火箭上并送入轨道？他们将如何对其服务定价？这些问题都将在本章被讨论。

上述的新兴航天市场是相互关联的。例如，商业航天运输服务在低轨市场的成功发展将有助于未来星际和航天港的发展。此外，还可以观察到空间碎片减缓与卫星在轨维护两市场之间未来的相互依赖关系。

新兴航天市场的未来演变将导致市场之间相互依赖性的增加，并为分析新航天价值链的未来演变提供了可能。这种演变可能导致新兴航天市场的主要组成（星际探测、地球轨道探测、亚轨道探测和航天港）产生"横向细分市场"。

这些横向细分市场（见表2.1）具有不同的市场成熟度，例如，随着向国际空间站运送有效载荷的新型航天公司数量的不断增长，国际空间站的研发市场正处于疯狂增长阶段。这是一个自然的发展过程，因为国际空间站的各种商业化活动早在20世纪90年代后期就已经开始并受到了国际空间站航天机构项目的鼓舞（见第6章）。美国组建的空间行动协议、COTS和飞行机会项目（见第1章）鼓励了安全的和具有高性价比的航天运输服务的发展，并创造了定期将研发有效载荷运送到国际空间站的机会。这个市场不仅在增长，而且可重复使用火箭正在改变发射行业的模式，并增加了传统发射服务供应商的竞争压力。咨询公司开始向新型航天公司推荐金融和保险等新兴服务。

表 2.1 不同航天探测领域的横向细分市场

	研发市场[a]	娱乐/太空旅游	卫星在轨维护	空间碎片	原位资源开发
星际探测					
月球探测	√	√	√		√
小行星/彗星	√				√
火星探测	√				
地球轨道探测					
国际空间站利用	√	√	√		
LEO/GTO/MEO 卫星			√		√[b]
亚轨道探测	√	√			
航天港	√	√			√

a 研发市场还包括被视为技术验证的有效载荷。
b 低轨太阳能供电的卫星。

亚轨道飞行器的研发市场还没有进入发展的"初期阶段"，并且对于制药和生物技术公司等潜在客户而言仍然是陌生的。鉴于国际空间站将于 2024 年退役，许多航天机构可能转而使用亚轨道平台进行微重力实验。即使国际空间站在 2024 年退役，研发市场也可能继续增长。研发客户可能转而使用商业空间站或者俄罗斯、中国的空间站。在过去的 12 年里，人们对娱乐/太空旅游市场增长的梦想和期待即将实现。虽然由于新型亚轨道飞行器开发的延期和市场的高度不确定性，这个市场尚未发展起来，但是未来亚轨道飞行器的成功发射和运行将成为其成功发展和增长的主要驱动力。

随着1300多颗卫星和20000多块已编目的比垒球还大的空间垃圾碎片环绕地球运行,且空间碎片数量还在持续增长,提供卫星在轨维护和空间碎片市场的重要性将迅速提升。

卫星在轨维护是指对近地轨道卫星或地球同步轨道卫星进行维修和燃料补给以延长卫星及其服务的寿命。未来卫星在轨维护任务的预期效益将旨在证明其有能力为最终客户以极大程度降低的成本去创建新的空间系统。航天机构正在国际空间站上开展对近地轨道卫星和地球同步轨道卫星在轨维护的技术验证任务。该横向细分市场正处于市场发展初期阶段。尽管如此,技术上的成功与预期值的结合可能会导致引入颠覆性的卫星在轨维护技术,该技术可能会在一种新的商业化市场中迅速发展。

近年来,由于以轨道速度碰撞运行中的卫星可能对其造成严重损害,空间碎片的增长已成为一个令人关注的问题。OneWeb 720颗卫星、波音2960颗卫星、SpaceX 4000余颗卫星、三星4600颗卫星等一系列预计发射的宽带卫星星座,将不可避免地导致空间碎片的增多。截至2017年,卫星都是不可维修的。

此外,空间站在发生链式反应后会产生更多的空间碎片,且碎片数量和其影响正在不断增加。解决这一担忧的需求正在快速推动航天机构寻找规避、清除和预防空间碎片的解决办法。一些航天机构,如ESA,正在考虑实施空间碎片主动清除任务,这将为欧洲公司开拓新的服务和市场创造机遇。

空间碎片市场和卫星在轨维护市场具备实现长期增长的能力,并为清除及减缓空间碎片和卫星在轨维护创造新的服务形式。

原位资源开采是一个新兴的市场，它是指从小行星上开采太空资源或从月球两极的冰中提取火箭推进剂。卢森堡等某些欧洲国家甚至宣布建立法律框架和法律条例，来确定从太空中的近地天体（如小行星）上开采的矿物的未来所有权。这为美国的新型航天公司进入欧洲并在欧洲创建原位资源开采市场创造了机会。为原位资源开采市场开发的技术和解决方案对未来的月球和火星任务至关重要。

不同市场之间的多样性和相互依赖性给描述和描绘未来新兴航天市场带来了挑战。

2.5　未来新兴航天市场分类标准

一些新兴航天市场似乎比其他仍处于新兴阶段的市场更发达。识别有前景的新兴航天市场将是一项复杂的任务，因为它们的增长不仅取决于航天机构项目的鼓励，还取决于其运载工具的技术成熟度和航天机构的飞行计划。例如，在国际空间站研发市场的背景下，微重力的研究、国际空间站的可访问性及成功运作促成了国际空间站研发市场的发展，同时受限于 NASA 的技术成熟度而产生了商业化的鸿沟（见图 2.4）。

技术开发的高成熟度是产业参与的先决条件。然而，产业参与者在新兴航天市场中较早参与轨道和亚轨道运载火箭的技术开发是显而易见的。这一趋势是 NASA COTS 项目成功实施的结果，也是为了满足未来客户对开发和提供新航天服务的需要，亚轨道飞行器的发展就是这样。因此，未来商业空间站的商业客户尽早参与空间实验设施的设计是非常重要的。与国际空间站商业化的比较表明，新型航天公司已经参与了技术成熟度发展的早期阶段，同时也参与了市场识别和融资。新兴航天市场的多样性和复杂性对其分类带来了挑战。

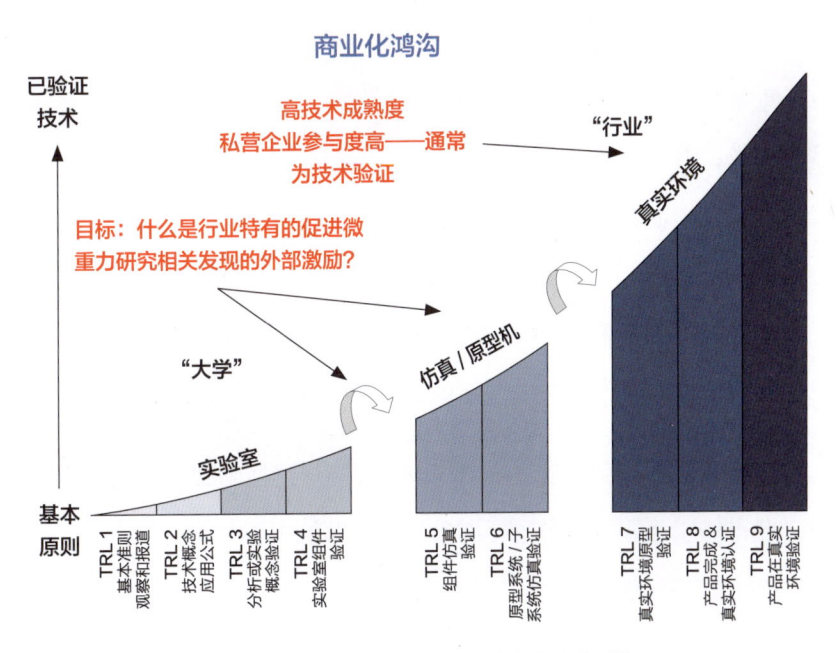

图 2.4　国际空间站研发市场的商业化的鸿沟

但是，可以用下列监测未来市场演变的初步标准来对新兴航天市场进行分类：

- 通过引进技术或产品/服务来解决某些市场机会缺口。

- 开发各种市场应用。

- 吸引客户和资金。

在分析横向市场和新兴航天市场的未来发展时，将考虑上述标准。

2.6 商业航天市场类型

商业航天市场是指新型航天公司向客户提供服务、解决方案和产品的市场，客户为使用这些产品、服务和解决方案而付费。新型航天公司为原位资源开采、轨道/亚轨道载人和货物运输、微重力下的3D打印，以及从国际空间站发射立方星提供了有趣的解决方案。新型航天公司开发的服务和技术解决方案的多样性将导致商业航天市场被分成主要市场和次要市场来发展新航天应用（见图2.5）。

目标市场的相互依赖性将增加，这可能导致横向细分市场的出现，如研发市场、卫星在轨维护、空间碎片清除和原位资源开采等。市场的演变可能是无法预测的，某些主要目标市场，如亚轨道太空旅游可能会变成次要市场，而研发市场则可能会成为主要市场。对市场、利益相关方及市场演变的未来趋势的描述将在后面的章节中详细阐述。随着这些市场的未来演变，我们将需要对轨道、亚轨道和航天港市场划分，主要和次要市场划分，横向市场划分之间的相互依赖性开展更多的研究。某些市场的市场特征和面临的挑战可能会转移，甚至可能与相关市场的市场特征和经历的挑战相似。例如，某些在国际空间站上开展研发实验的制药公司可能会考虑先在亚轨道飞行器上对实验进行初步测试。

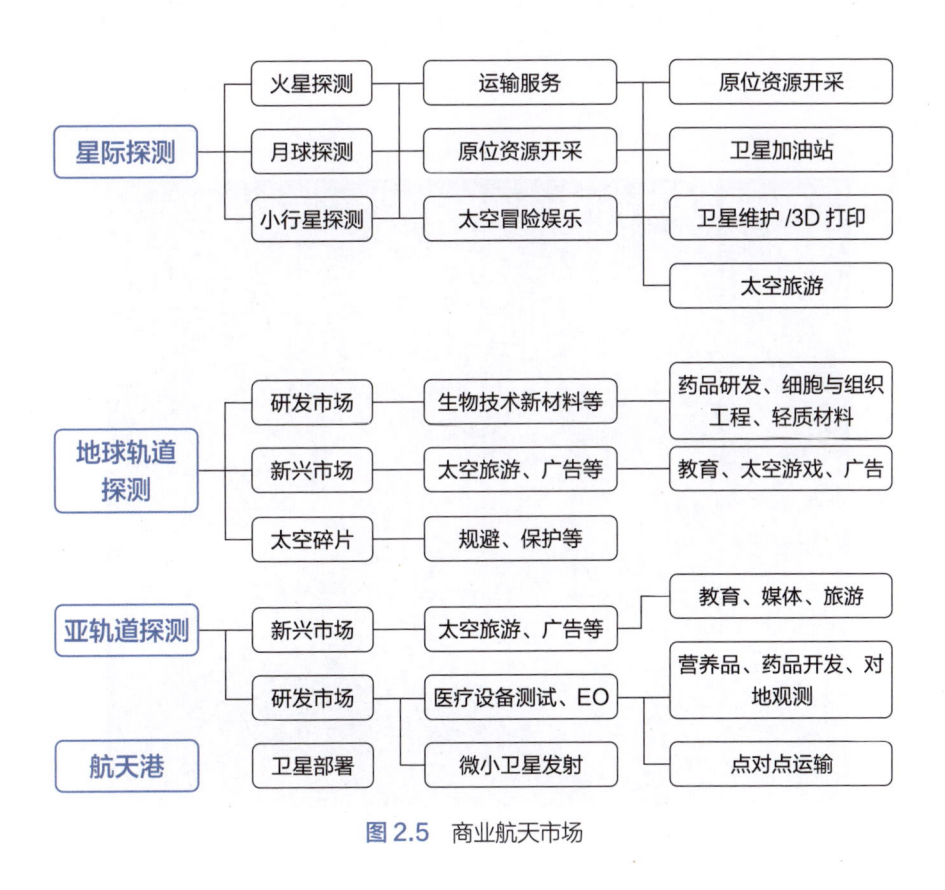

```
                   ┌─ 火星探测 ──┬─ 运输服务 ────┬─ 原位资源开采
星际探测 ──────────┼─ 月球探测 ──┼─ 原位资源开采 ─┼─ 卫星加油站
                   └─ 小行星探测 ─┴─ 太空冒险娱乐 ─┼─ 卫星维护/3D打印
                                                  └─ 太空旅游

                   ┌─ 研发市场 ───── 生物技术新材料等 ─── 药品研发、细胞与组织工程、轻质材料
地球轨道探测 ──────┼─ 新兴市场 ───── 太空旅游、广告等 ── 教育、太空游戏、广告
                   └─ 太空碎片 ───── 规避、保护等

                   ┌─ 新兴市场 ───── 太空旅游、广告等 ─┬─ 教育、媒体、旅游
亚轨道探测 ────────┤                                   │
                   └─ 研发市场 ───── 医疗设备测试、EO ─┴─ 营养品、药品开发、对地观测

航天港 ──────────── 卫星部署 ───── 微小卫星发射 ────── 点对点运输
```

图 2.5　商业航天市场

2.7　新航天产业利益相关方

新型航天公司将为航天机构和私营公司提供航天运输、研发有效

载荷的集成和制造服务。大多数新型航天公司都是新手，只有在某些情况下，传统航天公司才会加入新兴航天市场的竞技场。新型航天公司提供的服务将非常多样，从空间站服务到国际空间站发射商用充气模块，以及建造推进剂贮存站（见图2.6）。

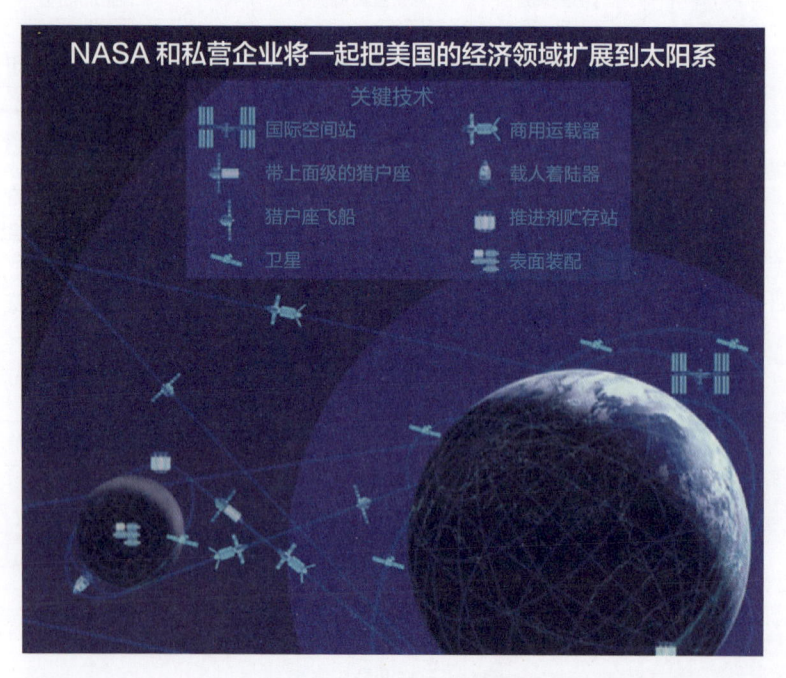

图2.6　NASA 新航天开发

图 2.6 清楚展示了新航天技术发展和 NASA 关键技术发展的多样性，如国际空间站和猎户座飞船。预计将要提供的服务涵盖了一系列不同的解决方案，如地球轨道探测、亚轨道探测及航天港。新型航天公司将要提供的多元化的早期市场和服务见表 2.2。

新兴航天市场的利益相关方在提供新航天服务时将具有不同的功

能和市场。

新型航天公司提供的目标市场和服务非常多样化。目前，对于与星际探测和亚轨道探测相关的市场，人们可以注意到期望的市场成熟度、技术成熟度和对客户兴趣的不切实际的期望三者之间的不匹配。然而，由于需要解决为客户提供某种服务和实现高技术成熟度之间的某种"差距"，从长远来看，其中一些市场可能会导致突破性的增长和演变。

表 2.2 新型航天公司将要提供的多元化的早期市场和服务

利益相关方	机构	市场	服务
制造商/运营商（星际探测）	火星一号、灵感火星、月球快递、Golden Spike 公司、B612 基金、沙克尔顿能源、行星资源、深空产业	火星探测、月球探测、小行星探测	火星运输服务、月球资源开采、月球运输服务、行星防御、火箭推进剂/燃料补给库、小行星采矿
制造商/运营商（地球轨道探测）	SpaceX、蓝色起源、联合发射联盟、波音、比格罗航天公司、内华达公司、Stratolaunch 系统、NanoRacks、AlphaSparks、MDA	地球轨道探测—国际空间站载人运输服务、火星探索、研发市场	入轨发射服务、空中发射入轨服务、轨道转移运载器、充气模块、在国际空间站上开展的研发有效载荷/3D 打印、从国际空间站发射立方星
制造商/运营商（亚轨道探测）	蓝色起源、XCOR、Masten 空间系统、维珍银河、缩尺复合体公司、助推产业、反应引擎、哥本哈根亚轨道、达索航空、向量空间系统	亚轨道探测、娱乐/太空旅游、研发市场、3D 微小卫星发射	亚轨道发射服务、太空旅游服务、飞行有效载荷研发
服务提供商（探测/轨道/亚轨道/空间碎片）	太空探险公司、零重力、Up 航天、Zero2Infinity 公司、瑞典航天港、加勒比航天港、Cosmica 航空	轨道和亚轨道运输、金融和保险公司	太空探险娱乐服务

续表

利益相关方	机　构	市　场	服　务
客户 （星际探测）	航天机构、卫星通信公司		
客户 （地球轨道探测）	航天机构、政府、非航天客户、制药、生物技术、汽车公司		
客户 （亚轨道探测）	公众、非航天客户	娱乐和教育	
联盟 （星际、地球轨道、亚轨道探测）	商业航天联盟、灵感火星、太空公民		

2.8　结论

　　新型航天公司所面临的挑战及其复杂性与航天机构和企业在国际空间站商业化初期所遇到的类似。例如，最大的挑战是假设市场存在且创建简单，或者未来客户发现研发实验的开发和推出时间过长，产品无法快速进入市场，换言之，就是对商业客户来说"上市时间"可能太长而不愿等待。因此，非航天客户可能会在理解微重力的好处，以及开发、认证和在空间站上搭载研发有效载荷的复杂性方面遇到困难。商业航天市场是"客户驱动"的市场，它充满活力且具有多样化的服务组合和不同水平的市场成熟度。商业航天市场可以分为四类：星际探测、地球轨道探测、亚轨道探测和航天港。用于市场划分的标准可以是填补某一空白的服务/解决方案，具有足够的技术成熟度，具有吸引"客户"和"资金"的能力，以及对这些服务或解决方案的长期战略需求。

新型航天公司将面临以下问题：目标市场和客户是什么？新兴航天市场之间的相互依赖性是什么？其商业案例是什么？所面临的主要市场风险是什么？亚轨道公司将如何吸引客户使用他们的飞行器搭载研发有效载荷？如何为服务定价？随着某些细分市场的成功演变以及市场之间相互依赖性的增加，横向市场细分将会出现。这些细分市场将包括研发市场、娱乐/太空旅游、卫星在轨维护、空间碎片和原位资源开采。市场的演变可能是无法预测的，某些主要的目标市场，如亚轨道太空旅游可能会变为次要市场，而其他一些市场，如研发市场则可能会成为主要市场。

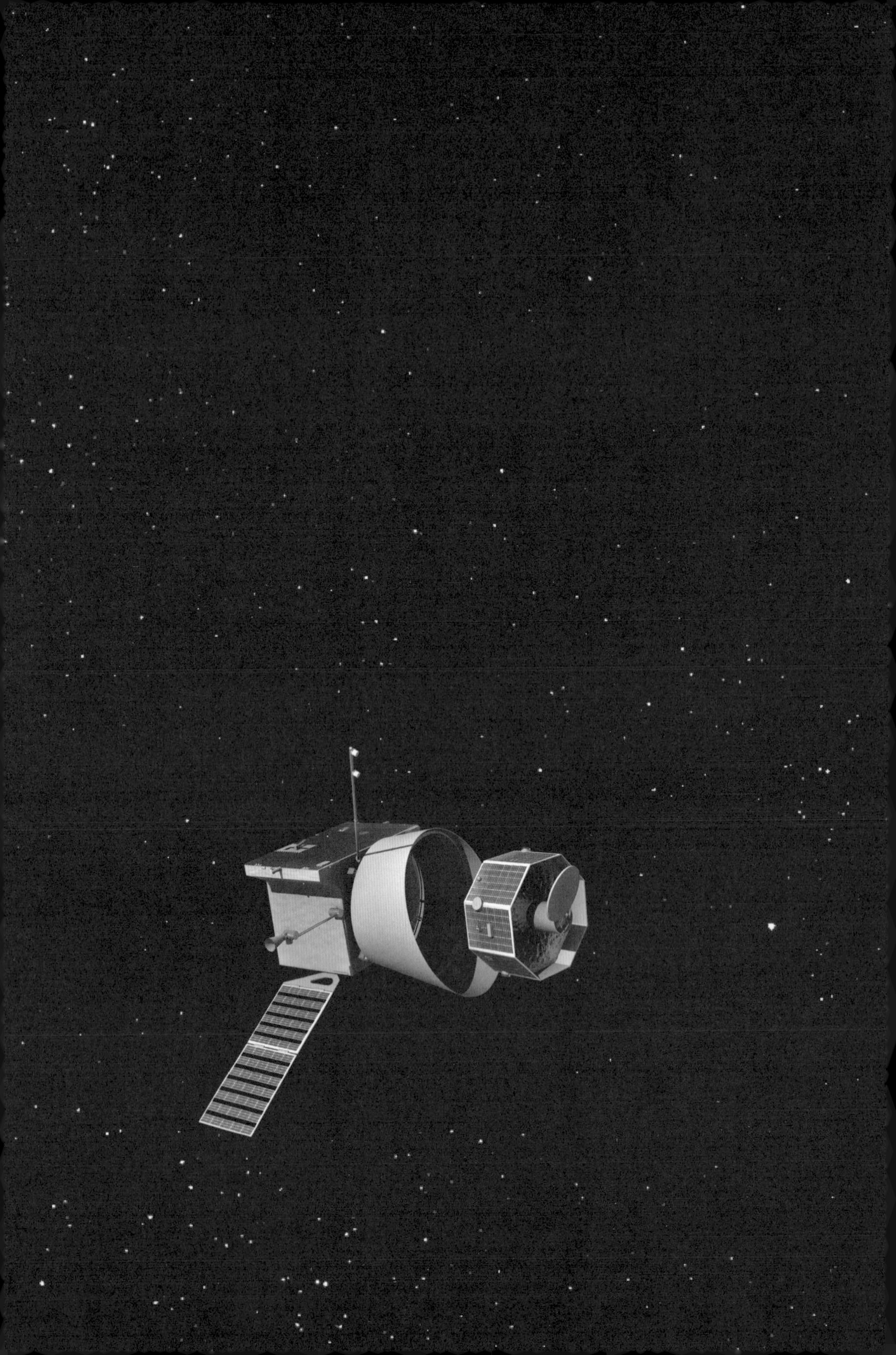

第 3 章

商业化的经验教训

3.1 简介

商业航天市场开拓的前瞻性、新兴技术发展、高度战略性、市场风险以及严格的安全法规将使新型航天公司面临与二十世纪八九十年代航天公司类似的问题。例如，20 世纪 80 年代，像航天工业有限公司（Space Industries Inc.，SII）一类的企业提议建立一个商业空间站（工业化空间设施），用于在微重力环境下生产航天材料；20 世纪 90 年代中期，俄罗斯和平号空间站及航天机构对国际空间站商业化的早期尝试。以上例子获得的经验教训包括企业在开发新市场时面临的困难、亏损及在政府监管下的生存之道。

本章旨在以史为鉴，提高新型航天公司对未来将会面临的挑战的认识。

3.2 背景介绍

航天技术的商业化始于 20 世纪 80 年代早期的航天飞机商业化，随后俄罗斯和平号空间站启动了商业项目，到 20 世纪 90 年代后期国际空间站也建立了商业化项目。

航天机构发起航天技术商业化的原因各不相同。NASA 是为了节约成本，商业化可以使航天器硬件更便宜，并且提供商业航天运输服务（如 SpaceX、Bigelow 等）和模块（如 Spacehab）的新参与者可以推动建立有竞争力的航天产业。俄罗斯宇航局则是为了回收成本以维持和平号空间站的运行，该空间站每年花销约 2.4 亿美元。

除了航天飞机、和平号空间站与国际空间站的商业化经验教训，还可以从新兴的亚轨道商业化航天活动中学到一些经验教训。

从空间站商业化和亚轨道公司学到的经验教训，将为正在发展卫星在轨维护、原位资源探测、亚轨道飞行器和商业航天港运营的新型航天公司提供有价值的建议。

3.3 航天飞机商业化

20 世纪 80 年代早期推出的航天飞机是一种可重复使用的运载器，用于维修和维护卫星，以及在近地轨道（Low Earth Orbit，LEO）开展实验。美国总共建造了 5 架航天飞机，它们不仅被用来进行微重力实验，也负责执行卫星在轨维护任务和国际空间站建设。航天飞机上设有一个停靠对接口，卫星可以停靠在这里并通过航天飞机的机械臂进行维修。如果没有航天飞机，我们将无法通过哈勃望远镜发现新星系、观看其拍摄的惊人图像。在哈勃望远镜升空后，人们发现其反射镜存在严重问题，需要通过在轨矫正光学元件来解决。1993 年为此执行的第一次任务（STS-61）展示了卫星在轨维护的重要性，随后又进行了四次维修任务，任务编号分别是STS-82、STS-103、STS-109和STS-125。对哈勃望远镜的在轨维护展示了该技术的能力，尽管发射一台新的哈勃望远镜可能比维修更便宜[①]。在2016年，人造卫星可不是为了被维修而建造的。从长远来看，私营公司可能会开始探索为航天机构、科学研究或对地观测任务以及商业卫星运营商提供卫星在轨维护的可能性（见图3.1）。

（图源：NASA）

图3.1 航天飞机亚特兰大号执行STS-117任务

航天飞机的商业化一直伴随着Spacehab商业模块的任务活动，其曾经作为商业模块被放置于航天飞机货仓停靠对接口，为实验提供28.3立方米的扩展空间。Spacehab商业模块参与了STS-96、STS-101和STS-106飞行任务并拥有61个中隔舱储物柜。Spacehab首飞的主要

---

① 每次航天飞机执行任务的成本约为10亿美元。

服务客户是 NASA。在 20 世纪 90 年代初，Spacehab 公司与 NASA 签署了 1.84 亿美元的协议，并设法将其提高到了 2 亿美元。然而，该公司仅设计和制造可供航天飞机搭载的两个模块就花了 1.5 亿美元。不过，一份独立成本分析表明，如果由 NASA 设计和制造这两个模块，成本大概在 12 亿美元左右（见图 3.2）。

（图源：NASA）

图 3.2　Spacehab 模块

分析表明，私营公司如果想要以更划算的价格设计和制造航天科技产品，就应该很好地理解客户的需求。Spacehab 没有很好地利用与 NASA 的合作关系，也未能与 NASA 签订商业合同。相反，NASA 决定以一个成本加成合同的约定支付资金。此外，Spacehab 没能为它的中隔舱储物柜开发出任何商业需求，并主要依赖 NASA 为客户。从 Spacehab 案例研究中得到的经验教训之一是，完全依赖具有强大购买力和合同条款制定能力的单一政府客户是不利的。因此，那些致力于建造未来商用充气模块（如 Bigelow）或创建像 Axiom 一样的商业公司的新型航天公司应该意识到单一政府客户的潜在战略风险。它们必须思考自己的目标市场和客户是什么？如何将一个想法转化为一项业务？一家公司如何才能使其服务多样化？如何避免对单一政府客户的依赖？

3.4 空间站商业化的经验教训

3.4.1 工业化空间设施

工业化空间设施（ISF，见图 3.3）的理念是建立一个最多可承载 31 个有效载荷的小型微重力平台。ISF 将是一个无人设施，由航天飞机提供维护服务，放置于距离地球 300 千米的近地轨道上并具备航天飞机对接能力。ISF 的运营费用将由私营公司承担，NASA 认为其是对国际空间站和航天飞机计划的补充。20 世纪 80 年代末，提出 ISF 计划的公司没有吸引到足够多的私人客户在其上进行实验，进而试图与 NASA 达成租赁协议。这项租赁协议将在 5 年内以 1.4 亿美元每年的价格向 NASA 提供第一个 ISF70% 的有效载荷空间。这是为了使公司能够从私营公司筹集大约 2.5 亿美元来建造 ISF 硬件。然而，实际的租赁将取决于未来资金的可用性。

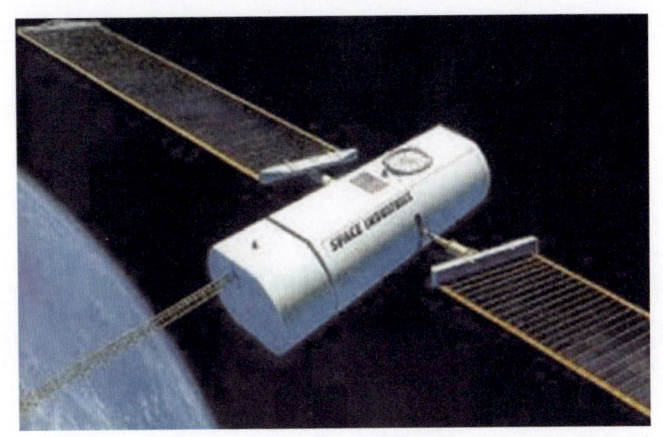

（图源：NASA）

图 3.3　工业化空间设施

面对航天飞机不断上涨的成本和预计 7 亿美元的租赁成本，NASA 空间科学委员会的许多代表担心 NASA 的预算会增加。该项租赁费用几乎等于 NASA 同一时期在微重力研究上的投入。由于 ISF 没有能够获得足够多的私营有效载荷搭载订单，因此 NASA 变成了它的主要客户，而这对 NASA 而言成本就非常高昂了。

此外，Spacehab 公司抱怨 NASA 将使用 ISF 而非它们的平台。NASA 给 Spacehab 公司的费用更低，每六次飞行支付 2800 万美元，含运输费和多达 50 个航天飞机有效载荷的租用费。然而，ISF 可以进行长期微重力实验，而 Spacehab 商业模块只能在航天飞机任务期内进行几周的实验。

由于私营公司资助的微重力实验市场太小，无法吸引足够数量的商业有效载荷搭载在 ISF 上。作为 ISF 和 Spacehab 的唯一客户，加之国际空间站项目的花费和航天飞机的成本过高，这些原因都使 NASA

的预算受到了影响。

考虑到 ISF 很早就进入了微重力研究市场以及对单一政府客户的依赖，它面临着太多政治、预算和市场风险。ISF 最初可以作为制药、生物技术或医疗设备公司的空间研发实验平台。ISF 的成功开发成为充分利用国际空间站和早期研究国际空间站市场开发的测试平台。2001 年，ISF 实际上为国际空间站的合作伙伴提供了机会以吸引成熟的研发客户到国际空间站上进行微重力有效载荷实验。此外，由于国际空间站预计在 2024 年退役，NASA 有可能提出在近地轨道上重建 ISF 的想法，私营公司可以设计、建造和运营类似 ISF 的设施。NASA 甚至可能成立一个与 NASA 商业轨道运输服务和月球催化剂计划（月球货物运输与软着陆降落计划）类似的项目。从 ISF 中获得的主要经验教训是，它们没有明确定义自己的独特卖点，也未能吸引到足够多的商业客户群体，因此没有形成对 NASA 有吸引力的概念。

3.4.2　和平号空间站

1986 年，苏联发射了和平号空间站，它不仅成为苏联航天工程能力的象征，也成为"国际宇航员项目（Interkosmos programme）"下国际合作的象征。在其服役期间，和平号空间站接待了来自 15 个国家的 104 名宇航员，并为保加利亚、匈牙利、古巴和波兰等国家提供了在空间站上进行实验的机会。

20 世纪 90 年代初，俄罗斯的"觉醒"伴随着要继续运营一个在轨的空间实验室。和平号空间站的年运行成本在 2.2 亿至 2.4 亿美元，其

15 年使用寿命的总运营费用在 33 亿到 36 亿美元。显然，对俄罗斯政府而言，在经济转型期为和平号空间站提供年度运营费用是不可能完成的任务。

大幅度削减航天预算、经济停滞、货币高通胀，航天行业工作的低兴趣、低工资，以及和平号空间站高昂的运营费用均迫使俄罗斯航天局开始航天技术的商业化。

一夜之间，俄罗斯不得不成为航天技术商业化的先锋，其快速识别新的市场并迅速为太空娱乐项目招揽客户。和平号空间站成为第一个接待了新闻工作者（日本记者 Toyohiro Akiyama）的空间站，从而首次展示了太空旅游的市场潜力。其他娱乐项目包括以 100 万美元的价格将必胜客的标志放在质子号运载火箭上，甚至向国际空间站的俄罗斯舱段送比萨。事实证明，航天机构商业化项目的匮乏是一个机会，因为这给了俄罗斯航天局探索各种吸引客户的办法的自由。俄罗斯航天局通过与私营公司合作来吸引资金，从而维持和平号空间站的运营（见图 3.4）。

俄罗斯官员 Anfimov 从和平号空间站的商业化中总结了以下经验教训：

- 为客户创造一个友好的环境。

- 尽可能缩短从客户提案到项目实施的时间。

- 简单和清晰的方案审查和选择流程。

- 透明的定价政策。

- 为商业项目提供保密权和知识产权。

（图源：NASA）

图 3.4　和平号空间站

由俄罗斯科罗廖夫能源火箭航天集团（RSC Energia）和美国企业家联合组建的 MIRCorp 公司，其主要任务是将和平号空间站作为商业平台吸引商业客户和项目。这是第一家签订空间站商业租赁协议的公司，通过吸引到的私人资金，资助了 2000 年 4 月 4 日发射的载有 Sergei Zalyotin 和 Alexandr Kaleri 两名宇航员的 Soyuz TM-30 号载人飞船任务。这次任务不仅是首个由私人资金资助的航天飞行任务，同时也重启了休眠状态的和平号空间站，因此是航天飞行上的里程碑。

MIRCorp与美国全国广播公司（NBC）合作建立了一个名为"目的地和平号"（Destination MIR）的真人秀节目，并与第一个登上国际空间站的商业太空游客Dennis Tito签约。

作为许多激动人心的项目的开拓者和创造者，MIRCorp在私人资本和政府拨款的空间实验室的支持下，开创了一种定义明确的有独特销售主张的商业模式，这令航天机构感到惊讶。但它的辉煌并没有持续太久，因为国际空间站的合作伙伴们向俄罗斯航天局施加了政治压力，要求和平号空间站脱离轨道，以便俄罗斯能够如期履行它们在国际空间站的承诺。国际空间站的某些合作伙伴可能会认为和平号空间站对国际空间站的应用构成潜在威胁，因为非航天公司可能首先将其有效载荷搭载到和平号空间站而不是国际空间站上。MIRCorp将Dennis Tito送到国际空间站，在和平号脱离轨道后，该公司的活动减少了。

在此期间积累的知识和能力帮助MIRCorp首席执行官Jeffrey Manber于2008年创建了NanoRacks，该公司以从空间站部署由低成本和标准化硬件集成的"立方星"而闻名。NanoRacks意识到国际空间站未得到充分利用，而它们可以在中隔舱储物柜中集成立方体实验室。它们与NASA签署了空间行动协议，专注于为客户提供向国际空间站快速运送有效载荷的服务。与MIRCorp的情况类似，NanoRacks出乎NASA意料地成为小型有效载荷集成发射领域的先驱。

一些和平号商业化项目取得了成功，而另一些则只停留在可行性研究阶段。例如，1997年，波音公司表示有兴趣创建一家企业，为在光谱号上开展的外置实验提供集成、发射和操作服务。它们的想法是通过该项目为国际空间站提供实验服务做好准备。波音公司接触了 75～100 家公司，研究它们对于花费 700 万美元和 12～15 个月的交付时间来将其有效载荷进行外置载荷集成的兴趣。市场研究发现了一些有趣的结论：例如，700 万美元的价格太高，客户只愿意支付 300～500 万美元，最长交付时间需压缩至 7～8 个月，并且单一客户在和平号任务中被认为是有风险的。结论清楚地表明，早在 20 年前，航天机构和公司就已经知晓在空间站上进行商业项目所面临的挑战。问题是，国际空间站的合作伙伴在 2000 年前后制定国际空间站商业化政策时是否意识到这些。欧空局（ESA）在制定其国际空间站商业化政策前进行了一些研究来收集客户反馈，这些研究结果得出了类似的结论：人们不了解微重力研究能够给制药或生物技术实验带来的好处。另一个结论是，非航天研发客户希望能以更短的时间设计、开发并将其有效载荷搭载到空间站上。

新型航天公司提供的服务在市场发展并产生规模经济之前可能会十分昂贵。此外，新型航天公司应能够快速集成研发有效载荷；提供有效载荷设计和集成的公司应能够在很短的交付时间内（可能不到一年）开发出这些有效载荷并且能够向公司提供知识产权权益保障。显然，像 NanoRacks 这样的公司成功证明了缩短交付时间对于在空间站上开发和集成有效载荷以及形成有竞争力的服务价格至关重要。

以 Spacehab 公司为例，它设计和制造了两个 Spacehab 商业模块，搭载在航天飞机上的价格是 1.5 亿美元；而如果是由 NASA 进行设计和制造，则价格将是 12 亿美元。另一个例子是"猎鹰 9 号"重型火箭，NASA 对其进行了成本评估并提出了两个方案：在"传统的 NASA 环境"

下开发和在"商业环境"下开发。研究表明，在 NASA 环境下开发猎鹰 9 号的花费为 39 亿美元，而在商业环境下约为 16 亿美元。

和平号空间站商业化的尝试鼓舞了国际空间站合作伙伴去考虑制定国际空间站的商业化政策、服务和价格，以及对客户友好的条款。

和平号空间站的商业化取得了许多第一，如开拓了太空广告和太空旅游的未知市场，吸引了数量可观的私人资本将两名宇航员送到空间站，并吸引了第一位太空游客。

和平号空间站的商业化展示了当国家航天机构和工业界在因剧烈的政治变化导致航天预算不足时应如何应对。中东欧国家的经历表明，航天机构需要制订应急计划以节省航天预算；此外，还表明确定航天项目和空间站实验的直接和间接利益的重要性。由于空间站是多学科实验室，吸引首位客户进行早期研发是相当困难的，拥有空间实验室模块的航天机构可以通过设立商业化项目，一方面鼓励有竞争力的航天运输业发展，另一方面与工业界分摊成本，从而实现可观的经费节减。

和平号空间站的商业化为国际空间站商业化的启动奠定了基础，它表明了通过公众和私人利益相关方的参与来改变模式的重要性。15 年后，这一过程似乎给非航天公司带来了很多在微重力环境中进行研究和实验的机会。

由此产生的问题是，新型航天公司是否可以从和平号空间站和国际空间站的商业化中吸取经验教训。如果仅靠政府方案就能激励非航天公司在商业空间站上开展实验，那么空间站的商业化应用还能否成功？

3.4.3　国际空间站的商业化

和平号空间站的商业化活动使航天界对将非航天研发有效载荷送入空间站的潜力感到兴奋，例如，利用空间站进行新药开发和测试骨质疏松症医疗设备等。2001年，对太空游客首次登上国际空间站的广泛宣传也显示了太空旅游市场是多么有前景。航天机构预见到收回部分国际空间站运营成本的机会，以及吸引商业投资者参与国际空间站项目的可能性。国际空间站的合作伙伴甚至建立了商业化目标和政策来鼓励开拓新市场、实现部分成本回收、减少国际空间站地面段运营费用和提高国家航天工业竞争力。一旦国际空间站的合作伙伴决定将其商业化，他们就将为行业性项目分配一定比例的国际空间站资源[①]，并制定商业化政策，定义国际空间站的产品和服务（见表3.1）。

国际空间站上的研究有助于找到预防骨质流失的新方法和提高骨密度的疗法，从而推动医学的发展。随着新一代节能灯（即高强度放电灯）的推出，一些技术在国际空间站上被成功展示。另一个有趣的项目是由意大利奶酪和袋装干番茄组成的 Mediet 食品盒，它通过使用一种新的高压加工技术，既灭菌又保持了新鲜食材的特性。

[①] 国际空间站的资源包括设施和服务，如流体科学实验室（Fluid Science Laboratory，FSL）、材料科学实验室（Material Science Laboratory，MSL）、生物实验室或EDR（European Drawer Rack，一种可用于多学科的模块化设备）。

第 3 章 商业化的经验教训

表 3.1　国际空间站合作伙伴商业计划

商业化政策与战略	国际空间站目标研发市场的合同公司市场业绩分析（例如，在商业化初期，欧空局要求研究机构和公司对生物技术、营养和健康市场进行分析）
国际空间站产品和服务定义	商业项目的知识产权和市场开发权
国际空间站价格建议	国际空间站与非航天公司（如欧空局商业代理）建立合作伙伴关系
为鼓励商业化而创造客户友好的条件（如欧空局将筛选和审核商业项目[a]的内部流程的时间缩短至 6 个月）	国际空间站对商业项目（如欧空局成员国项目）的价格优惠活动
为商业客户项目开发和设计提供技术方案准备支持	欧空局等航天机构支持商业客户为在国际空间站上开展实验做准备

a　国际空间站上开展的商业项目包括对有效载荷开展安全性测试和认证，从而确保它们能够承受得起火箭发射，且对宇航员和系统是安全的。

上述活动鼓励企业在国际空间站的欧洲哥伦布舱上搭载用于扫描骨骼结构的新一代骨质疏松症医疗设备（即 QSTEO 设备）和用于研究骨保护素活性的小鱼[①]。骨质疏松症是宇航员的常见疾病，因为他们在微重力环境下每月骨密度降低 1%～2%。近期的例子是 Amgen 公司用于增加骨折高危人群骨量的产品 Prolia。这种药物是基于微重力环境下狄诺塞麦（denosumab）在小鼠身上做的有效性测试而开发的。关于国际空间站的微重力市场的详细论述见第 5 章。

20 世纪 90 年代末，国际空间站市场仍处于发展的初期阶段，航天机构仍在研究吸引商业客户到国际空间站上开展实验的最佳方式。国际空间站的合作伙伴们甚至采取了一套通用方法来协调各自的商业化

---

① 动物和人类的骨保护素活性受重力调节。

政策和定价服务，打造出了一个统一的国际空间站品牌。国际空间站商业化初期给各航天机构带来了诸多挑战，如不清晰的研发市场、难以吸引商业客户，以及传统航天研究界担心国际空间站的商业化开发将占用他们的资源。

政治和市场的挑战伴随着国际空间站商业化的早期阶段。寄希望于吸引客户在空间站上进行非航天实验的私营公司正经历着艰难时期，因为非航天公司对微重力研究的附加值、开发和运行实验，以及进入市场所消耗的时间、投资微重力研究的合理性和投资回报率等问题表示担忧。

非航天公司提出的其他问题包括：有没有更划算的地面研发解决方案？公司将如何确保能够为开发和到国际空间站开展实验提供长期资金？发射一个特定的有效载荷需要什么样的服务和产品？应该支付怎样的价格？如何收回发射成本？保证访问国际空间站的频率应是多少？失败时谁来为各自的有效载荷买单？如何收回初始投资？

针对预算削减的担忧、收回成本的政治压力，以及科学、技术、工程和数学（STEM）界对商业有效载荷将抢占他们的飞行机会的忧虑，航天机构进行了许多研究来分析潜在利益、机会、利益相关方的作用和市场。一些20世纪90年代后期进行的预先研究明确指出了许多挑战，如无法解决的商业风险、高昂的发射和运营费用、低下的飞行频率和进度可靠性，以及较低的用于商用化的预算分配、不灵活的采购和操作流程等。该研究就NASA的作用提出了几点建议：

- 要想发展商业化，就要将基础设施研发开放为公私合作。

- 为商业风险性投资提供建议。

- 为实现商业化目标制订计划、战略和政策。

将近 20 年之后，NASA 遵循了这些建议并鼓励建立货物和载人航天运输服务。

新型航天公司将不得不在创造新市场的同时，关注来自地面技术的竞争，如蛋白质结晶，晶体在地面实验室培养比在微重力条件下更便宜。

3.5　结论

从 Spacehab 案例研究得到的经验教训之一是，完全依赖单一政府客户就赋予了其制定合同条款的权力。因此，那些致力于建造未来商用充气模块（如 Bigelow）或创建像 Axiom 一样的新型航天公司，应意识到拥有具备强大购买力的单一政府客户所带来的潜在战略风险。它们必须识别目标市场并力求使其客户群体多样化，从而避免对单一政府客户的依赖。

从地球轨道探测下的空间站商业化和亚轨道产业中学到的经验教训，将为正在开发原位资源勘探和亚轨道飞行器，以及正在运营商业航天港的新型航天公司提供有价值的建议。

从工业化空间设施的经验中可以得出的主要结论是，新型航天公司未能明确定义其产品和服务的独特卖点，也没能吸引到足够多的商业客户来形成对 NASA 有吸引力的概念。

总的来说，和平号空间站的商业化为国际空间站商业化奠定了基础，并第一次证明可以在空间站商业化背景下创造和利用新的市场机会。

由此产生了以下问题：和平号和国际空间站的商业化经验能否为新型航天公司在未来空间站的长期商业应用方面提供经验？是否只有政府项目才会激励非航天公司在商业空间站上进行实验，从而确保商业利用的成功？

航天机构进行了许多研究来分析潜在利益、机会、利益相关方的作用和市场。某些研究对 NASA 的作用提出了若干建议：开发商业化目标，将 NASA 基础设施研发开放为公私合作，为商业风险性投资提供建议，为实现商业化目标制订计划、战略和政策。

总结 20 世纪 80 年代中期至 20 世纪 90 年代的经验，商业客户对进行微重力实验的需求非常低，不足以支撑工业化空间设施和 Spacehab 模块存在的必要性。然而，俄罗斯对和平号空间站商业化的成功尝试展示了太空广告宣传的商机。今天，在国际空间站首次商业化活动近 20 年后，微重力研发市场正在成功发展，像 NanoRacks 这样的私营公司正在国际空间站上整合研发实验机会，而像 SpaceX 这样的公司则在为国际空间站提供商业航天运输服务。以上这些都表明了新型航天公司活动的成功演变。在现今的环境中，航天机构正在扩大其作用，通过鼓励商业化活动来促成新航天产业的兴起，并通过与新型航天公司合作推动新航天产业的发展。

第 4 章

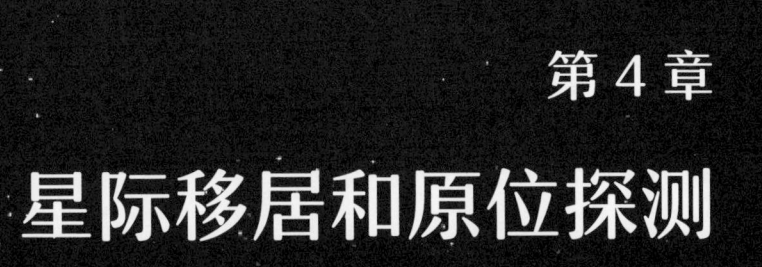

星际移居和原位探测

4.1 引言

  自1972年"阿波罗17号"（Apollo 17）最后一次执行任务以来，由于各种政治和预算方面的原因，星际载人航天飞行计划一直被搁置。即使在阿波罗计划时期，也很难论证投资的直接经济回报，政客们也无法坚持支持月球探测任务。然而，阿波罗计划在全球范围内的影响从未被忘记。现如今，人们就此提出了许多问题：人类为什么还没有重返月球？月球上为什么还没有建立永久的载人前哨基地？新型航天公司如何为载人登月做出贡献？为什么人类等了这么久才对月球、小行星或其他近地天体（Near-Earth Objects，NEO）上的资源进行开发？随之而来的是更多关于火星研究的问题：未来面向火星的载人航天飞行可行吗？私人的积极参与性和现有的商业航天运载器如何为月球和火星栖居地做出贡献？空间原位资源开发的经济效益是什么？

  星际探测主要面向长期的载人月球和火星任务以及月球或近地天体的原位资源开发。小行星可能含有铁、钴、锰、镍、铝和钛，而月球上的固态水可以被提取分解为用作火箭推进剂的氧和氢。从小行星提取的铱、银、锇、钯、铼、铑、钌和钨可能用于返回地球运输飞行器的建造。原位资源利用（ISRU）涉及任何基于原位资源为机器人或人类探测创造产品和服务的硬件或运营。

  星际探测和原位资源利用的进一步发展将为机器人技术的发展创

造条件。反过来，机器人技术的发展不仅将推动轨道卫星服务的拓展和机器人功能的发展，还将推动勘探和原位资源开采空间机器人的人工智能实验。机器人空间探测将很有可能成为原位资源利用的主要形式。

4.2 利益相关方

不久的将来，月球、火星等原位资源探测将吸引广大的梦想家和企业家。各国政府将启动国家航天项目，并制定法律和监管框架，以鼓励月球探测及原位探测。这些举措将吸引新型航天公司作为最初的制造商/运营商，如行星资源公司（Planetary Resources）、深空产业公司（Deep Space Industries）、沙克尔顿能源公司（Shackleton Energy Company）和月球快车公司（Moon Express）。传统航天公司可能开始向这些新型公司提供产品和航天工程服务，为类似"火星一号"这样的创新项目的成立提供支持（见图4.1）。

在这种新范式中，航天局可能成为新型航天公司的主要客户。而传统航天公司和新型航天公司之间，既有合作又有竞争（见表4.1）。

部分国家可能注重采取类似美国的方式鼓励和支持空间资源的原位探测，即通过相关法律和监管条件的设立吸引新型航天公司开展航天活动。然而，如果没有初始创业资金和政府项目来推动原位资源利用技术方案的发展和成熟，许多概念仍然是纸上谈兵。为了这些项目立项，各国政府需要明确评估空间资源原位开发所带来的直接和间接利益。各国政府还应建立研究项目，为新型航天公司在新市场开发方面面临的挑战提供支持，同时投资运载火箭的研发。

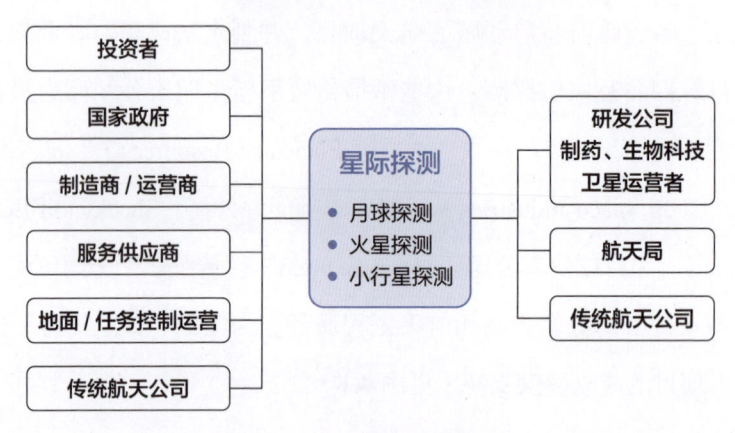

图 4.1 星际探测利益相关方

表 4.1 星际探测利益相关方

利益相关方	组织机构	市　场	服　务
制造商/运营商（星际探测）	火星一号组织 通向火星的灵感公司 月球快车公司 Golden Spike 公司 星际资源公司 沙克尔顿能源公司 空间制造公司 Arkyd 空间公司 Astrobotic 空间机器人公司 马斯腾空间公司	火星探测 月球探测 小行星探测	火星运载服务 月球资源开采 月球航天运载服务 星际防护 火箭推进剂/加注补给站 小行星采矿 月球 3D 打印
服务提供商（探测/轨道/亚轨道）	太空探险公司 B612 基金会 零重力公司 UP 宇航公司 零至无穷公司	太空旅游	太空探险娱乐服务
客户（星际探测）	各航天局 卫星通信公司 研究与开发公司 制药、生物科技公司 非航天客户	卫星维修与推进剂补给	卫星推进剂补给 基础设施建造所需的金属 提供稀缺的铂族金属
传统航天公司	空客公司 洛克希德马丁公司 萨瑞卫星技术有限公司		提供航天工程产品和服务

4.3　星际移居

公众关于"火星一号"（Mars One）、Google 月球 X 大奖（Google

Lunar X Prize，GLXP）和 SpaceX 愿景（关于火星移民运输车等倡议）等新概念的讨论，引发了一场关于星际探测重要性的辩论。"火星一号"的愿景是完成单程飞向火星的任务。该项目将对宇航员在模拟火星基地中的选拔和训练过程进行了直播，引发了世界范围内的广泛关注和讨论（见图 4.2）。

（图源：NASA）

图 4.2 "火星一号" 2025 年前哨基地

"火星一号"任务将分阶段实现，覆盖宇航员选拔、通信卫星演示验证、火星车发射、货运任务和载人发射等阶段。这次任务在全球范围内受到了广泛关注，彰显了世界各国对星际探测的强烈兴趣和需求。"火星一号"项目组声称，已经收到大约 202586 份申请，他们将从这些申请者中选出 50 名女性和 50 名男性参加第一次火星之旅（Mars One 2015）。许多人将这项新颖的飞行任务视作到达火星的唯一可行途径。"火星一号"涉及一个问题，即商业探测任务在全球各航天局的星际探测路线中所扮演的角色。此外，这种将星际空间探测梦想与该领域私人风险资本的商业目标有机结合的模式，也展现了获取公众关注度的潜力。

埃隆·马斯克关于未来火星任务全新架构的愿景也吸引了公众的关注。长期的火星飞行任务可能是"猎鹰"重型运载火箭实现自我维持市场的潜在途径。在新兴商业航天运输市场的长期可持续性需求的驱动下，私营航天公司可能对未来长期的空间探测存有各种各样的设想。2024 年国际空间站的退役可能会危及目前商业航天运输市场的可持续性。因此，推动星际空间探测任务可能成为新型航天公司长期贯彻实施的路线。

政府将不愿投资未来的火星飞行任务，它们对这类任务的高额成本和在短期内难以显现的直接利益表示担忧。因此，致力于发展和促进未来火星飞行任务的私营公司，将必须完全依靠私人融资并发展健全的商业模式，以期实现长期吸引融资。

4.4　原位资源和行星资源开发

法律制度方面正在有趣地发展着。利用原位资源来创造新产品或服务，可能使 3D 打印在未来月球或火星载人飞行任务中发挥更加重要的作用。某些近地天体（Near-Earth Objects，NEO）含有铂、钯、铑等贵金属。这些金属在地球上稀缺且贵重，目前仅被用于电子产品。人们设想小行星上的贵金属可以运回地球，或用于空间站的建造。

过去两年,美国和卢森堡这两个国家因致力于建立法律框架而闻名,这为私营公司利用其他天体的空间资源提供了机会。美国率先批准了空间采矿法案,即2015年的《美国空间资源探测和利用法案》。该法案从根本上鼓励对空间资源进行商业开发,允许发展经济可行的空间资源开采产业,并促进美国公司的发展。

卢森堡政府已经建立了面向法律框架创建的公共法案,以保护其资源开采(如小行星上资源开采)权利。这标志着商业空间探测进入了一个崭新的时代(见图4.3)。

图4.3 小行星资源开采

除法律框架外，卢森堡对空间资源开发的浓烈兴趣还体现在其他方面。它们与国家信贷投资公司（Société Nationale de Crédit et'dInvestissement，SNCI）、硅谷的小行星采矿公司"深空产业公司"（Deep Space Industries，DSI）签署了合作备忘录，就小行星等近地天体（near-Earth objects，NEO）资源的探测、使用和商业化方面展开合作。

国家研发航天项目 LuxImpulse 将共同资助相关研发项目，并使用 SNCI 的融资方式。DSI 公司甚至建立了一个名为"勘探者 X 号"（Prospector-X）的立方星任务，通过星上装载的摄像头对飞越地球附近的小行星进行观测。

这一计划预计将带来双重好处。一方面，将吸引美国的私营新型航天公司，如行星资源公司、深空产业公司和沙克尔顿能源公司等；另一方面，将促进航天工程知识的转化和立方星任务领域国家工程能力的发展。这些将使卢森堡不仅具备自行研制立方星的能力，还将成为"ESA 小型任务计划"的积极参与者。显然，卢森堡的发展计划可以被视为一个妥善周密的国家政策，其能够吸引美国新型航天公司将技术应用至未来欧洲的航天任务中。与此同时，卢森堡的航天公司将向美国公司学习小型航天器（如 "勘探者 X"望远镜一号）的设计、研制和测试实验。

然而，参与原位资源利用项目的公司未来需要具有可行的面向最终目标客户的商业模式。

致力于小行星采矿的公司可以参考在地球上采矿的利润。地球上采矿业 8.5% 的年增长率，可能对新型航天公司具有一定的吸引力。但它们是否能够拉动私人基础设施融资，产生足够的利润并获得投资受益？它们是否能够具备可持续的商业模式来支持后续的活动？从长远来看，能否产生与地球上采矿业相似的增长率？如果市场上来自小行星的"廉价"材料供应充足，稀有金属的价格会跌到什么程度？最终的价格是否足以维持商业运营？多久才能从月球或者小行星采矿中收回投资成本？这些都是亟须考虑的问题。

4.5 月球探测

月球探测是星际探测梦想的自然延续，是在国际空间站上进行的研究的扩展。2016 年，美国和欧洲对商业星际探测的多种促进机遇进行了研究。俄罗斯、日本、中国和印度也在着手研究月球机器人探测任务，但都没有明确表示会将商业月球探测纳入未来的探测任务体系。

新型航天公司正着力于研究在近地轨道以外提供商业物流配送服务的可能性。作为与 NASA 合作的一部分，蓝色起源公司已经宣布有意投资开发"蓝月亮"系统和月球着陆器系统。

2016 年，美国政府准予月球快车公司在 2017 年进行首次商业月球着陆。这项许可并不令人感到意外，因为过去几年来 NASA 成功地执行月球催化剂项目（见本章 4.7 节），通过与私营公司合作发展新的产业能力。美国不但鼓励美国公司进行商业月球探测，而且还开展可行性研究，寻求解决商业月球探测相关的问题。2015 年，NASA 的新兴航天办公室部分资助了下一代航天有限公司的一项研究，即"基于商业航天能力和公私合作关系的可发展月球架构的经济评估和系统分析"。其研究的主要问题是，美国能否让人类重返月球，并基于商业合作关系，在 NASA 目前每年 30～40 亿美元的载人深空探测预算下，最终在月球上建立永久的人类栖居地。研究小组的一个发现是，根据商业轨道运输服务（COTS）的相关经验，如果建立一个商业月球基地，人类重返月球可能不会那么昂贵。商业月球基地可以通过向 NASA 出售月球轨道推进剂，来偿付其运营费用。此外，在月球上建立一个商业月球基地还会带来公共效益。如此一来，各航天局可能成为商业月球基地的主要客户。《可发展月球架构（Evolvable Lunar Architecture，简称 ELA）的经济评估和系统分析》的作者的观察总结如下：

- 根据 NASA 在商业轨道运输服务方面的经验，人类重返月球可能没有之前设想的那么昂贵。

- 美国可能引领商业月球基地的发展。

- 以传统公共基础架构为样板的国际月球管理局，可能是面向经济、可持续月球开发与运营的复合商业管理和技术风险管控的最佳机制。

- 当国家决策者针对基于月球两极开展廉价推进剂的生产进行可行性评估时，需要首先将勘探机器人送至月球两极，以确认水能够以较为经济的方式获取。

- 在月球上建立经济可行的商业化工业基地，能够带来的公共效益包括经济增长、国家安全，以及在技术和创新领域的进步等。

上述建议表明了新型航天公司对于推动商业月球探测的兴趣。例如，SpaceX 公司宣布了一项提议，使用"龙"飞船进行往返月球的飞行。这项提议可能会催生 NASA 与私营工业界的合作关系，从而保证在类似"NextStep"项目的框架下进行联合技术革新。随着国际空间站即将退役，越来越多的新型航天公司将开始推广不同的月球探测概念。

正如俄罗斯智库 TsNIIMash 所提议的，俄罗斯应在 2030 年后考虑建立未来的商业月球基地。有消息称，俄罗斯可能在 2020 年发射月球轨道器和月球车，并于 2024 年发射着陆器。然而，考虑到过去俄罗斯在月球探测领域的能力随着大多数月球项目工程师的退休而损失殆尽，这个时间框架可能过于乐观。

其他专家建议，俄罗斯应该专注于技术研发，如核动力和推进系统等，而不是具体的星际任务。

2015 年，欧空局公开征集关于与私营公司建立战略伙伴关系的设想，这可能促使具有长期商业可行性的产品和服务投入市场。欧空局期望看到关于伙伴关系的自下而上的研究构想，为未来的载人登月任务和面向未来载人飞行任务的原位资源利用做准备。欧空局对支撑未来探测任务的服务构想也表示欢迎，例如，月球运输、月球通信、导航和物流等。

这次的公开征集，将获得一些通过国际月球村的建立与发展促进未来月球探测能力和服务的具体设想（见图 4.4）。

第 4 章 星际移居和原位探测

（图源：ESA）

图 4.4　ESA 月球村构想

4.5.1　月球村

"月球村"将是世界各航天局乃至各国工业界国际合作的成果。它将用于研发、科学、技术试验、资源开采、商业和其他应用领域。ESA 总干事 Jan Woerner 清楚地描述了这一想法。他在接受采访时阐述，月球村将有助于对载人和机器人空间探测的国际能力进行整合，宇航员将在超出科学范围的不同领域进行工作，如商业投资、采矿和旅游等。在这项概念中，将以月壤为原材料，采用充气舱和 3D 打印工艺进行多种部件的生产，并用于微流星和空间辐射掩体的建造。

"月球村"的建立将以各航天局历史上积累的能力以及未来的月球能力为基础，比如 ESA Smart-1 任务、俄罗斯的月球飞船计划、印度的月船1号月球任务，当然还有美国宇航局阿波罗计划的独特遗产。ESA成员国（如卢森堡）可能会积极参与国际项目，并从日本公司获得机器人技术。例如，Ispace One公司将开发微型机器人系统，在月球表面实现水的定位和提取。

"月球村"概念也可以从目前NASA诸多项目（例如，月球催化剂项目）的技术方案，以及基于SAA协议研发的众多技术（例如BEAM舱）中受益（见图4.5）。此外，NASA还通过"NextStep"项目继续探索充气栖居地新技术应用的可行性，为未来的载人月球航天飞行和载人火星飞行提供支持。在"NextStep"项目中，NASA希望吸引像毕格罗这样的新型航天公司来从事低成本深空栖居地建造技术的研发。NASA还将寻求开发有助于未来月球日志持续任务的栖居地，包括远程操作、机器人技术、原位资源利用和其他领域的技术能力，这些将在后续章节中进行讨论。

欧洲的一些公司可能有机会与新型航天公司合作，并自费参与技术创新。如此一来，在没有NASA资助的情况下仍可以更多地了解充气栖居地的建造[①]。首先，这将成为曾与国家航天局签订长期合约的传统航天公司的绊脚石。但这也可能成为欧洲公司在充气栖居地建造和运营领域形成自己独有知识的机遇。

[①] 在美国牵头的联盟中，外国公司可能是合适的合作伙伴，但必须遵守外资参与准则，该准则要求禁止进行资金交换。

(图源：ESA)

图 4.5　ESA 月球村

ESA 需要分析是否可以从与俄罗斯或中国的未来月球任务合作中受益。如果在后国际空间站时代继续开展成功的合作，ESA 将有可能成为俄罗斯未来月球基地项目的重要合作伙伴。2016 年 6 月，TsNIIMash 宣称，正在对最终可容纳 12 人的月球基地建造的"关键技术和问题"进行研究[①]。俄罗斯在月球探测器系列和"月球车"（Lunokhod，俄语 Луноход）项目中孕育的具有历史意义的登月能力，对于未来的"月球村"任务而言极其宝贵。1966 年发射的"月神 9 号"首次实现了月球软着陆（博物馆 2016），1970 年发射的"月神 16 号"首次实现了自动化的月壤采样返回。俄罗斯当年也启动了登月项目，并计划开展一次载人登月任务。俄罗斯宇航员阿列克谢·列昂诺夫（Alexey Leonov）被选拔为第一个登陆月球的宇航员。LK 登月舱

---

① 据报道，俄罗斯联邦航天局将在这项研究上花费 750 万美元。

源于 N1-L3 项目（N1 火箭+L3 登月飞船），它是苏联第一个设计用于将宇航员运送至月球表面的航天器（见图 4.6）。

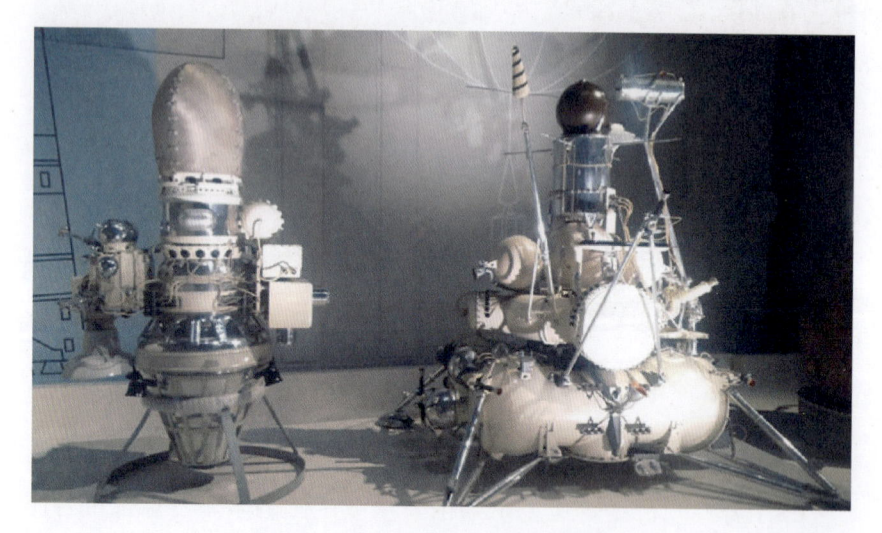

图 4.6 "月神 1 号"和"月神 16 号"

苏联名为"月球车"的月球巡视器项目，促成了 1970 年"月球车 1 号"的发射和 1973 年"月球车 22 号"的发射。其中，"月球车 1 号"在月球表面行驶了 10 千米，拍摄逾 2 万张照片。很多人可能会质疑，许多年过去了，俄罗斯或许已经失去了诸如"月神 22 号"等探测器的设计和研制能力。但俄罗斯人很有可能保留了相关知识，只是对此缄默不语。"月神 1 号"工程样机如图 4.7 所示。

欧洲与俄罗斯的合作可能与国际空间站项目类似。双方航天局不仅参与月球基础设施的开发，而且还为私营公司创造商业机遇，使其基于公私合作关系与航天局开展合作。

图 4.7 "月神 1 号"工程样机

"月球村"的建立可能会吸引私营公司从事研发研究，如提取月球固态水以进行火箭推进剂的生产，或采用月壤进行登月舱的建造。在后国际空间站时代建立月球实验室并开展研发工作，为各公司提供原位资源开发和月球 3D 打印的机遇，可以吸引广大商业客户。此外，参与国际空间站研究的制药、生物技术、材料科学和医疗设备等公司，可能有意在月球实验室开展相关研发工作。从长远来看，未来欧空局和欧盟甚至可能考虑设立类似于 NASA 月球催化剂或 COTS 的项目计划，以提供商业航天运输服务，甚至为中小企业的研发载荷运往"月球村"设立相关项目。如果欧洲公司与美国公司建立合作关系，欧空局和欧盟可能会设立转化项目，支持这些公司将未来月球任务中关于充气栖居地的建造和运营的知识，从 NASA 的"NextStep"项目中逐渐转移至欧洲。然而，"月球村"这个概念可以成为各航天局和工业界开展国际合作的基础，通过建立未来的公私合作关系，开展"月球村"的运营和商业应用。

但是,国际"月球村"的建立可能导致商业航天运输服务商和传统发射服务商之间的竞争加剧。

4.5.2 NASA月球催化剂项目

NASA月球催化剂项目,是指NASA月球货物运输和软着陆(英文"货物运输和软着陆"每个单词抽出1~2个字母,组成"催化剂"的英文单词)项目。这是一个基于SAA(见第1章)的新项目,旨在鼓励私营公司开展机器人月球着陆器的研发(见图4.8)。

(图源:Astrobotic Technology, Inc.,NASA/Masten空间系统公司,月球快车公司)

图4.8 NASA月球催化剂项目概念

月球催化剂项目的目的是鼓励新型航天公司发展商业月球运输能力,未来可能与美国的商业发射能力进行整合,用于将有效载荷运送到月球表面。从长远来看,研究开发需求和月球原位资源开采需求可能会日益增长,这将带动月球着陆机器人能力需求的增长。

未来的商业任务可能包括通信节点和基础设施、能源和移动基础设施、货物运输服务、娱乐和教育。

ESA 等航天局甚至可能会对登月舱建造的 3D 打印等新技术进行测试验证，而 NASA 等其他航天局可能会鼓励像毕格罗这样的公司进行充气登月舱的建造和试验。俄罗斯等国的航天机构，可能会重启其月球计划，并在类似于国际空间站建造运营的物物交换协议的框架下与 ESA 进行合作。

未来的趋势将是由航天局设立项目计划，促进私营公司发展商业运输服务、机器人技术、原位资源能力、微重力环境下的 3D 打印能力和卫星在轨服务能力。

4.5.3 NASA "NextStep" 项目

NASA "NextStep" 项目设立的目的是在工业界征集与 NASA 的合作提议，从而合作开展载人深空探测飞行关键技术的研发。其主旨是，NASA 应当通过该项目与私营公司就技术创新方面进行合作，以更低的成本实现飞行任务，从而实现商业近地轨道能力的提升，并满足长期的深空居住的需求。

在栖居能力的发展背景下，NASA 将试图吸引商业公司对任务架构的定义进行研究，对核心功能及以下所述的关键技术进行演示验证：

- 长期探测系统试验验证。

- 自动化、远程操作和机器人技术。

- 人工辅助采样返回。

- 原位资源利用（ISRU）演示验证任务。

- 深空人体研究。

- 物流支持。

- 通用科学。

- 深空长寿命航天器组装、翻修和检验。

"NextStep"项目旨在通过这样一种方式，对这些外围技术方案进行设计，使其在深空环境（如更高的辐射环境）中也能正常运作，并用于未来的月球和火星任务。在某种程度上，该项目为新型航天公司对于深空居住舱技术方案的研发提供了机遇。新型航天公司基于该项目发展的能力，也可用于"月球村"项目，并转化至欧洲。

4.6 目标市场

根据高盛咨询公司的预测，航天经济有望在未来20年成为价值数万亿美元的产业。其认为，从事空间采矿和旅游业的公司将吸引众多投资者。但是，有一点是不能忘记的，2017年，空间采矿行业还处于起步阶段。关于未来火星、月球和空间资源探测的目标市场可能很难清晰地描述，因为大多数概念尚处于可行性研究阶段。2016年，目标客户和市场尚不明确。根据John Lewis等作家的观点，以下资源对于未来的探测将最具吸引力：月球资源可以用于制造推进剂中的氧，保证在月球上的生活；黑色金属可以用于在月球上的建筑物的修建；耐火材料（尤其是金红石）可用于防热罩和气动减速结构的生产；氦-3可用作地球上的聚变燃料。

月球、火星和近地小行星蕴藏着有利资源，可进行原位资源开采和利用。

Jerry Sanders等作家还对主要有利资源进行了划定，如氧、水、氢、碳/二氧化碳、氮、金属和硅。以下是月球上主要蕴含的有利资源：

- 风化层、氧化物和金属［钛铁矿（15%）、辉石（50%）、橄榄石（15%）和钙长石（20%）］。

- 风化层中的太阳风挥发物（氢为 $5 \times 10^{-5} \sim 1.5 \times 10^{-4}$ 毫克/立方分米，氦为 $3 \times 10^{-6} \sim 50 \times 10^{-5}$ 毫克/立方分米，碳为 $1 \times 10^{-4} \sim 1.5 \times 10^{-4}$ 毫克/立方分米）。

- 极地阴影区环形山中的水/冰和其他挥发物，如厚冰（SAR）。

火星土壤中含有二氧化碳、氧化物和金属。月球风化层可能用于月球人类栖居地或着陆平台的建造、道路的修建、或热辐射与微陨石掩体的建造。

对于ESA的"月球村"，其思路是利用月球风化层为原材料，采用3D打印技术进行宇航员栖居地的建造。行星资源等新型航天公司也考虑过利用由铁、镍和钴组成的小行星进行3D打印。

目前，在月球表面使用 3D 打印技术对新型航天公司似乎是一个具有吸引力的机遇。然而，在 3D 打印在月球上成为现实之前，还需要克服一系列政治、技术和金融风险。

4.6.1 月球采矿

如沙克尔顿能源公司（Shackleton Energy Company，SEC）等公司的目标是基于月球两极的冰制取火箭推进剂，并对外供应。SEC 公司的提议是从冰中提取水，将其运输到近地轨道并转化为推进剂的液氧和液氢，进而进行商业出售。推进剂将在补给站中进行储存，这些补给站将成为空间运输的枢纽。

上述公司的目标是在 2022 年前建立第一个空间推进剂补给站，随后提供维护服务和其他任务服务。SEC 公司在 2018 至 2042 年的目标市场如下：

- 早期市场——地球静止轨道通信卫星，为这些卫星的在轨寿命延长提供推进剂补加。目前的目标是为 400 颗通信卫星中的部分卫星提供服务。

- 民用航天——来自国际空间探测协调小组（International Space Exploration Coordination Group，ISECG）的 14 个政府和航天局（如美国、俄罗斯、中国、印度、巴基斯坦、韩国、日本等）可能会以购买长期推进剂的合同为目标。

该公司将致力于研发模块化、灵活、高度可靠的航天运输工具，以期提供下一代所谓的"太空的士服务"。根据它们的客户需求模型，最乐观的目标设想是到 2042 年供应大约 5 万吨推进剂。类似的创新概念需要一个具有吸引力的商业模式，从而使以政府为主要客户的庞大市场的形成成为可能。

4.6.2　月球 3D 打印

微重力环境下的 3D 打印技术在国际空间站上成功得到了验证。2014 年，一台零重力 3D 打印机被发射至国际空间站，并作为"机械工厂"用于打印遗失的工具或零部件，或用于建造难以从地球发射上天的结构。NASA 开展的一项研究得出的结论是，增材制造可以在零重力环境中实现全优化结构的建造。

ESA 还在研究利用月球土壤对微流星和空间辐射掩体进行 3D 打印（见图 4.9）。

（图源：ESA）

图 4.9　3D 打印的 ESA 月球村

行星资源等新型航天公司也在考虑使用小行星蕴藏的材料成分进行 3D 打印。它们开展了一项演示验证，使用了坎普德尔切洛陨石（Campo Del Cielo），即含有铁、镍和钴等材料成分的小行星资源。在长期的月球空间探测任务中，月球表面的 3D 打印将演变为原位材料利用和多种零部件与工具的生产加工能力。然而，这也带来了一些问题：微重力环境下的 3D 打印产品是否有市场？市场规模如何？目标客户是谁？

在国际空间站上制造 3D 打印工具是否比把它们发射到国际空间站上更为划算？

私营中小企业可能有意参与未来的月球空间任务，特别是参与类似欧空局 3D 月球基地的项目（该项目使用月球石油开展月球栖居地的建造）。

4.6.3 小行星采矿

小行星采矿预计主要对水、碳氢化合物和结构金属进行开采。水的开采主要用于推进剂的制取和生命保障，黑色金属主要用于在太空中使用，而铂族金属在开采后将被运回地球。

小行星带拥有丰富的自然资源，可以对铁、镍、铝和钛等进行开采，用于空间结构的建造；对水和氧进行开采，用于维持宇航员的生命；对氢、碳和氧进行开采，用于火箭推进剂的制取；还有很多其他形式的自然资源。

C 型小行星最为常见，一般认为是在太阳系初期形成的。C 型小行星被认为含有丰富的水、有机碳、硫、氮、磷和黑色金属。行星资源公司和深空工业公司在小行星采矿利用方面表现得最为活跃。

1. 行星资源公司

行星资源公司瞄准了四个市场：基于水的燃料制取、铂的提取、小行星（或陨石）3D 打印及对地观测。该公司的目标是在太空中从富含水的碳质球粒陨石中制取燃料，这些球粒陨石可被分解为高效的液氧/液氢火箭燃料。其采取的方法将取决于目标小行星的组成成分。该公司声称其所需的采矿设备非常简单，甚至可能无须接触小行星表面。它们的技术思路是，首先对一颗小尺寸小行星进行封装，或在一颗大尺寸小行星附近安置一个低温金属板。然后将太阳的热能聚集到小行星表面，使其达到一定的温度，造成水的挥发。当气态水与低温区域接触后，会以预浓缩的形式冻结。一旦捕获的水量达到预期，该区域将释放小行星，并将得到的水送至 LEO 轨道（见图 4.10）。

提取出来的水将被分解为氢和氧等火箭燃料，并将储存在燃料补给站中，用于 GEO 通信卫星的燃料补加。燃料的供应将促使空间采矿业发展壮大。

第二个目标市场与铂的开采有关，据调查，小行星上含有大量的铂族金属（platinum group metals，PGMs）。铂的获取将促进催化转换器等技术产品的诞生，旨在减少排放并催生汽车等行业的技术创新。

行星资源公司已经与卢森堡政府和国家信贷投资公司（SNCI）成

功签署了一项 2500 万欧元的协议，计划在 2020 年前启动首个商业小行星勘探任务。除了上述目标市场外，该公司正在进行新技术研发，以小行星上的金属为原材料，采用 3D 打印技术进行航天器原型的打印，从而寻求零重力空间环境下 3D 打印市场的拓展。该公司将在其卢森堡小行星采矿活动的框架内，专注于小行星采矿活动的开展。

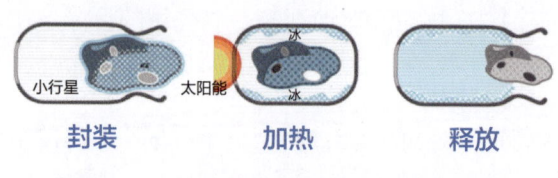

封装　　加热　　释放

图 4.10　行星资源公司的小行星开采技术思路

2. 深空工业公司

深空工业公司是另一个涉足小行星和近地物体采矿的公司。深空工业公司主要关注水和重要元素（如有机碳、硫、氮、磷和黑色金属）的提取。该公司也有类似的目标，将空间资源运回并加工成具有商业用途的产品。其主要目标是将近地小行星的资源转化为推进剂和金属制品，分别用于通信卫星的推进剂补加和基础设施的建造。

它们最初的计划是首先发射"勘探者 X 号"探测器，寻找蕴含水、金属和硅酸盐的近地小行星。该探测器将在卢森堡空间研发项目的框架下进行研制。

致力于推动小行星采矿的公司需要关注可行商业模式的开发，需要对小行星采矿带来的直接和间接效益进行定义。与陆地采矿业类似，小行星采矿业将在恶劣的环境中运作，并将面临高昂的维护、运营和基础设施整合成本。此外，这个新兴的行业还需要关注投资的回报率，并论证基础设施建设投资的合理性。

然而，对原位资源开采感兴趣的新型航天公司应当首先对小行星上的资源进行识别，然后要能够吸引长期融资，实现小行星资源的收集和提取。这些公司还将面临如下问题：它们需要具备在极端环境下进行基础设施建造的能力，还需具备在没有宇航员支持的情况下实现长时间自主运行的能力。显然，卢森堡的发展计划将催生新市场的产生，将促进月球和小行星采矿概念的发展演变。从事这些活动的新型航天公司将致力于验证原位资源探测技术的可行性。可能有一些公司瞄准了增材制造、机器人技术、高性能计算、人工智能和对地观测等新型未知市场的开拓。由于其航天活动和吸引资金的私人属性，这些公司面临的挑战将是投资回报的论证、自我可持续发展的商业模式及众多航天应用模式的开发。

4.7 火星探测

火星探测一直吸引着梦想家提出梦想并激发着他们的想象力，近期也对公众产生了吸引力。早期的火星探测是由火星协会讨论并提出的，即所谓的"火星任务轨道跨越计划"（Mars Mission Trans-Orbital Railroad）。其中利用 SpaceX 公司的"猎鹰 9 号"（Falcon 9）运载火箭和载人版"龙"（Crew Dragon）飞船运送宇航员。宇航员 Buzz Aldrin 则提议，载人火星探测应先从探测火星的两颗卫星"福布斯"（Phobos）和"得摩斯"（Deimos）开始。其目的是克服通信延时，为火星上的设备运行创造条件，并利用这些条件在无宇航员现场操作的情况下预先安置栖居地。

然而，真正引人无限遐想的火星探测概念是"火星一号"计划。这是一个完全私营的计划，其主要目标是在火星上建立人类栖居地。该计划将面向公众选拔约 40 名宇航员，并将在第一次飞行任务中将其中的 4 人送至火星。宇航员的选拔、训练、准备、发射和飞行将向全世界进行实时转播。"火星一号"计划的创始人之所以勇敢地决定进行单程飞行任务，主要出于两方面的原因：一方面，为了支持创建火星栖居点的任务目标；另一方面，在当前的技术背景下，返回飞行的复杂性及巨额成本令人望而却步。

Zubrin 的思路是利用现有的发射技术和火星大气实现火箭燃料的制取，从火星土壤中提取水，并最终利用火星丰富的矿藏资源供应开展建设工作。

根据 Zubrin 的理念，火星上约 30 吨的货运需求将带动载人与货运发射服务需求量及轨道转移飞行器需求量的增加，这将导致商业航天运输市场的急剧增长。同时，像毕格罗公司的 BEAM 舱段等充气展开居住舱的需求，预计也将实现增长。此外，历时长达 500 天以上的单程火星飞行任务，将受益于卫星在轨服务和微重力环境下备用零部件的 3D 打印。在概念发展的早期阶段，很难对新兴商业市场模式进行预测。

但是显然，未来的火星任务对航天运输服务、机器人技术、卫星在轨服务和 3D 打印技术能力的需求将与日俱增。航天运输服务的增长可能会带动对航天公司的需求，同时也会引起新型航天公司（如太空探索技术公司、轨道科学公司）与传统发射服务供应商的竞争。

"火星一号"计划内容如下。2022 年，发射执行演示验证飞行任务，对一些新的技术概念的可行性进行验证；2026 年，发射火星车和通信卫星；2029 年，进行 6 次货运发射，完成两个舱段和生命保障系统的运输；2031 年，进行首次载人火星飞行（见图 4.11）。

"火星一号"瞄准了教育性娱乐市场，因为私营公司的商业模式不同于传统航天公司。"火星一号"将考虑一些能够实现营收和新市场开拓的途径，详情如下：

- 国际流媒体活动。

- 宇航员选拔项目。

- 不间断的宇航员训练在线直播项目。

- 资金众筹。

- "火星一号"研究设备的租赁。

- 研发市场，即医药、药理学、低碳生物、生物工程和太阳能系统研究等研发领域知识产权的出售。

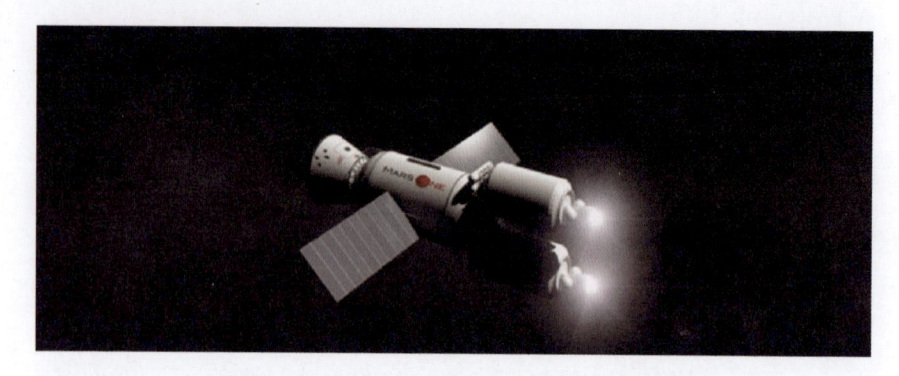

图 4.11 "火星一号"首次载人火星飞行模拟图

主要营收将来自教育性娱乐和流媒体活动。但是，研发市场和研究设施租赁市场的潜力不应被低估。像"火星一号"这样的计划拥有激发想象力、开拓新市场和拓展空间探测范围的功效。

未来的火星任务将增加商业航天运输服务、机器人技术与功能、远程操作、人工智能、自动化、原位资源利用能力和 3D 打印等方面的需求。如果新型航天公司能够成功突破上述技术，就能把握这些长期的新兴市场机遇。

4.8 挑战

除主要的技术、融资和市场风险外，参与上述航天活动的新型航天公司将主要致力于为地球静止轨道卫星提供推进剂补加，以及进行铂金属的开采。在实现目标市场开拓之前，它们可能面临许多挑战。

- 技术挑战——最佳冰沉积物定位搜寻所面临的困难及识别所需要的大量投资,近地轨道高度以上宇航员的自主性,生命保障系统的高可靠性,空间辐射防护,自主飞行器系统管理,在轨卫星交会对接、卫星推进剂补加的能力与相关服务的缺乏。

- 基金资本——公司可能无法为原位资源利用技术概念的实现吸引足够的众筹资金;私人投资者可能会规避这些技术概念,因为他们认为这些长期的基础设施项目是昂贵的。

- 市场开发——新型航天公司可能会错误地假定这是一个巨大的市场,会错误地假定该市场的创建很容易,因为"市场进入的时间"可能很久。

- 为保证这类复杂任务的安全运作,预计将出现长期的成本超支。

新型航天公司还将在月球和小行星采矿领域面临挑战,例如:在吸引资金和迅速产生投资回报方面将面临困难;需要为原位资源利用、月球和小行星采矿开发可行且可持续的商业模式;需要识别未知的市场和客户。有些公司可能会面临来自地面产业的竞争,并面临小行星采矿的高额维护与运营成本。基础设施的建立和对生产资源需求的增长将需要耐心和长期的投资。

4.9　结论

新型航天公司将不得不在创造新市场的同时，重视来自地面技术的竞争。地球上采矿行业 8.5% 的年增长率似乎对新型航天公司很有吸引力，但他们是否能吸引面向基础设施的私人融资，并产生足够的利润实现投资回报？是否能够拥有可持续的商业模式为他们的航天活动提供支持？如果市场上来自小行星的"廉价"材料供应充足，稀有金属的价格会下跌多少？最终的价格是否足以维持商业运营？

像"火星一号"任务这样能够激发公众想象力的未来火星探测私营项目，正在改变航天产业的商业模式。它们通过对宇航员的训练和发射过程进行全球实时直播，进军娱乐市场。此外，它们也在关注药物、生物工程等领域研发市场的发展。

随着未来火星任务的发展，商业航天运输市场将实现大幅增长，进而带动充气居住舱（如毕格罗公司的 BEAM 舱）的需求增长。历时长达 500 天以上的单程火星长期飞行任务，将受益于卫星在轨服务和微重力环境下备用零部件的 3D 打印。在概念发展的早期阶段，很难对新兴商业市场模式进行预测。对于商业航天运输服务、机器人新技术、远程遥操作、人工智能、自动化、原位资源利用能力和 3D 打印的需求预计将有所增加。这将反过来加剧新型航天公司与传统发射服务商之间的竞争，并形成规模经济。

对月球和小行星采矿的许诺有望带来水、碳氢化合物和结构金属的提取。月球上的水可以用于液氧和液氢燃料的制取。小行星采矿预计将实现水、碳氢化合物和结构金属的提取。如果我们能够坚定有力地明确这一愿景，那么关于飞往 GEO 轨道以外空间的争论就会尘埃落定，而具有商业成本效益的原位资源利用需求也将令人信服。

欧空局甚至可能制订相关的项目计划，实现欧盟在载人空间栖居地建造领域的技术转化和发展，并在 NASA 的"NextStep"项目或其他国家航天局的项目框架下，实现其他领域技术能力的转化和发展。

航天局可能会安排相关项目计划，鼓励私营公司发展相关技术能力，从而实现商业航天新市场、新服务和新产品的创造。

从事上述技术概念研发的公司将面临复杂的发展环境。然而，通过与政府和航天局可能的公私合作关系，它们可以成功地实现这些技术概念。微重力条件下 3D 打印技术和推进剂补加等卫星在轨服务能力的发展，必将为空间碎片的减缓带来潜在的环境改善效益。

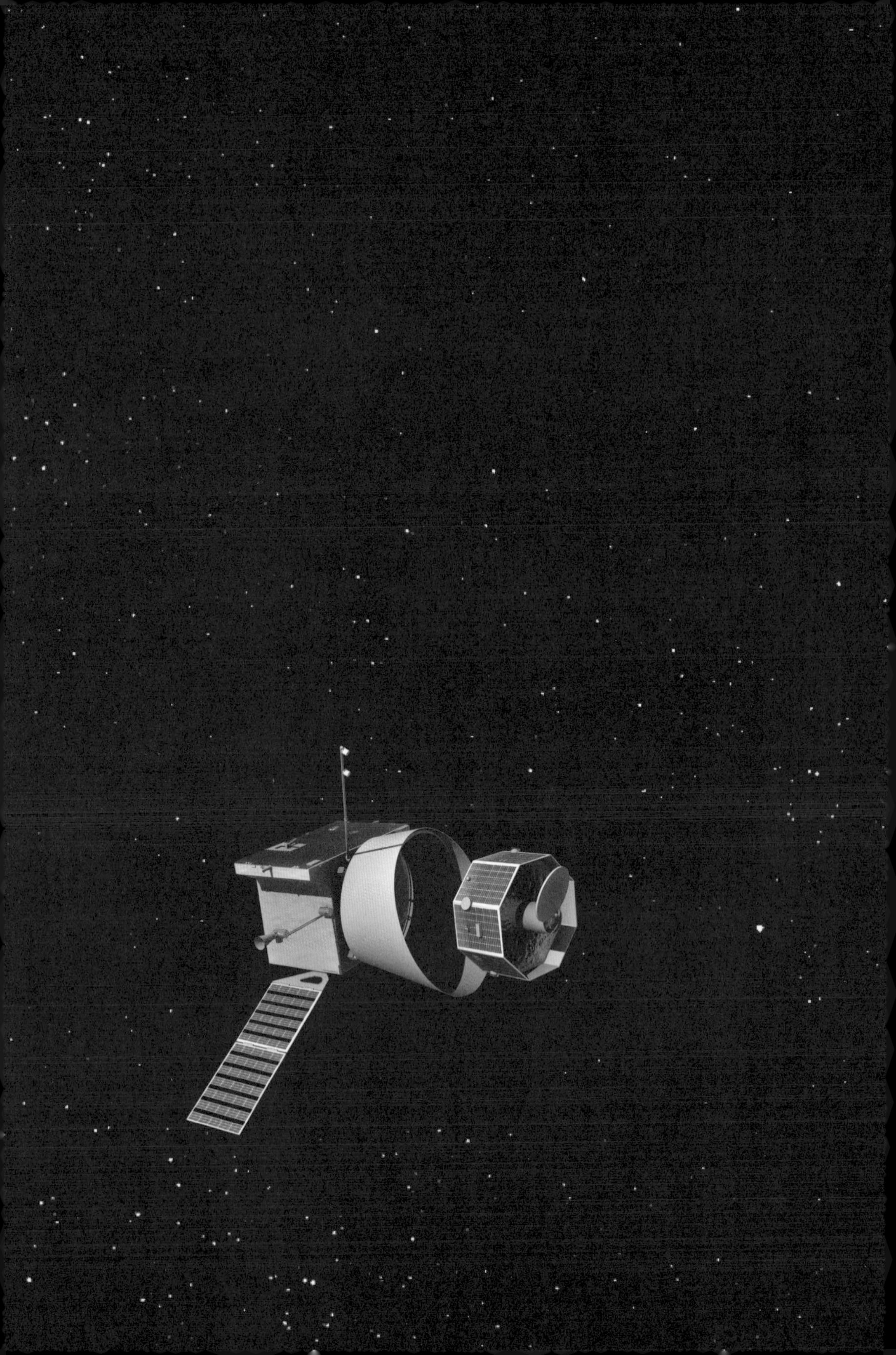

第 5 章

空间站商业活动

5.1 简介

由 NASA、Roscosmos、ESA、JAXA 和 CSA 五个航天局运营的国际空间站正在近地轨道（Low Earth Orbit，LEO）上正常运行。各航天局负责运营各自的舱段，而空间站上的部分实验机架则共享使用。国际空间站是各航天局通过 25 年国际合作所取得的硕果，是一个可容纳 6 名宇航员的空间实验室，大小相当于两个标准足球场。各航天局已计划将国际空间站持续运营至 2024 年，但是也有建议将其延长至 2028 年。目前，国际空间站各合作方均未提出有关下一代空间站建设的计划。但是，已经出现了一些概念思路。其中之一是 2019 年俄罗斯多用途舱段发射后，国际空间站上由俄罗斯建造的舱段部分将在动力、通信等资源类型方面完全独立。如若上述俄罗斯舱段具备分离和独立运行的能力，则基于此建造一个俄罗斯空间站就将成为可能，甚至还可以拓展配备充气舱。此外，中国一直致力于在 2022 年左右建成自己的大型模块化近地轨道空间站，并盛情邀请世界各国研究人员积极参与开展搭载实验。

NASA 呼吁私营公司提供运载服务，通过引入竞争促进近地及更高轨道上载人和货物运载服务的发展。创造这种商业机会的同时，

第 5 章　空间站商业活动

NASA 面临着一项风险——竞标 NASA 商业轨道运输服务[①]（COTS）项目合同的私营公司可能无法募集足够的私人资金用于必要的技术研发。一方面，由于从零开始研发，参与竞标的私营公司在运载火箭的研发中可能面临很高的技术风险。另一方面，NASA COTS 项目为这些竞标公司研发新技术和新系统，以及在国际空间站上进行测试提供了独特的商业机会。这不仅促使供应商为 NASA[②] 提供货物运载服务而竞争，还促进了国际空间站应用新概念的发展（见图 5.1）。

2016 年 Bigelow 公司的比奇洛可扩展式活动模块（BEAM）与国际空间站对接就是一个经典案例，它为包含两个 B330 可扩展舱段的 Bigelow 下一代空间站的研发奠定了基础。Axiom 等其他公司研究了 2020 年商业舱段与国际空间站对接的可能性，以及在 2024 年国际空间站退役后建造 Axiom 商业空间站的可行性。该公司计划将充气舱 Xbase 对接到国际空间站，进而创建一个完全商业化的空间站（见图 5.2）。

[①] 在NASA COTS项目的早期，NASA与Rocketplane Kistler公司签署了协议，拨款2.07亿美元。但该私营公司未能吸引到私人资金，NASA与其终止了协议，随后与轨道科学公司签署了1.78亿美元的协议继续推进NASA COTS项目。

[②] SpaceX的"龙"飞船成功地搭载"猎鹰9号"运载火箭发射升空，并已多次与国际空间站对接。轨道ATK公司的天鹅座飞船也成功对接到国际空间站并可以用"安塔瑞斯"或"大力神5号"运载火箭发射。波音公司计划用"大力神5号"运载火箭发射"CST-100"载人飞船，而Sierra Nevada的"追梦者号"类似于一架具有可重复使用的小型航天飞机，计划用"大力神5号"和"阿里安5号"运载火箭发射。Lockheed Martin公司的"木星号"和"Exoliner号"飞船也可以用"大力神5号"运载火箭发射。

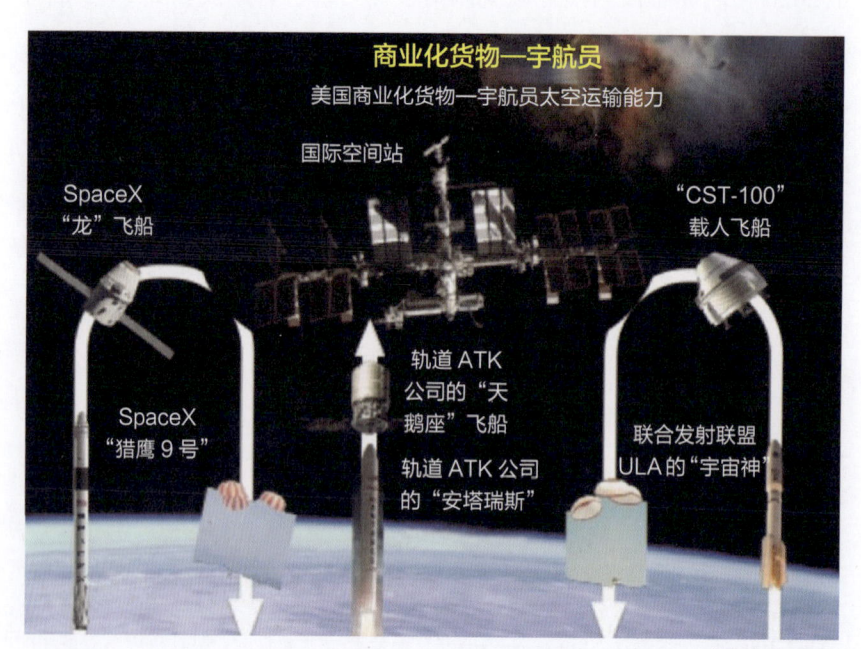

(图源：NASA)

图 5.1 国际空间站

图 5.2 美国商业载人和货运能力（Lynne 2015）

随着国际空间站或许将于 2024 年退役，各航天局在空间站建造和运营方面的作用将会削弱，但研究团体开展微重力空间实验的需求仍然存在。因此，鉴于 2028 年后由政府运营的面向商业载荷的永久性空间实验室将不复存在，开展微重力研究实验的商机应运而生。到 2024 年，国际空间站市场[①]可能已经进入成熟发展阶段，并拥有高利润、稳定的需求和众多市场竞争者。如第 1 章所述，政府和私人客户将对微重力研究实验平台有很高的需求。

5.2　利益相关方

在国际空间站商业化早期，空间站应用的主要参与者是各航天局和传统航天公司。他们曾经与非航天公司合作，帮助他们获得资质，并在国际空间站上集成、安装载荷。起初，国际空间站市场只有少数公司为客户提供服务。但是，在过去的 15 年间，国际空间站市场已经进入了一个高峰发展期，客户数量翻了一番（见图 5.3）。

与 20 世纪 90 年代后段的商业化早期进程（见第 3 章）不同，当前各航天局是新兴航天公司在商业航天运载服务领域的客户。表 5.1 简要列出了利益相关方、组织、市场和服务 / 产品。

---

① 2016 年，随着市场的扩张、利润的提高和竞争的加剧，国际空间站市场进入了疯狂发展的阶段。

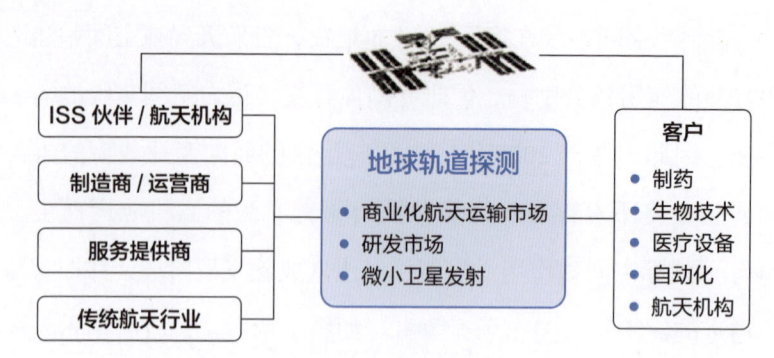

图 5.3　利益相关方

表 5.1　地球轨道探测利益相关方

利益相关方	组织	市场	服务/产品
制造商/运营商（地球轨道探测）	SpaceX Orbital ULA 波音公司 毕格罗航空航天公司 内华达山脉公司 空间制造公司 Axiom 空间	国际空间站货物/宇航员运输服务 火星探测 研发市场	轨道发射服务 空中发射轨道服务 轨道运载器 充气栖息地 研发有效载荷设计和发展/从国际空间站发射的立方星国际空间站上的 3D 打印
服务提供商（地球轨道探测）	UTC NanoRacks AlphaSparks Teledyne Brown Engineering BioServe Kentucky Space Techshot Red Space Adventures	水供应（NASA 客户） 内部/外部平台 对地观测 生物学 娱乐	向宇航员提供水 内/外有效载荷搭载 高清视频 微液细胞培养平台 空间生物平台 多实验室空间生物平台 骨密度仪和离心机平台 超高清数字影院摄像机
客户（地球轨道探测）	研发公司 非航天客户 制药公司（Lilly、Merck、P&G、Novartis 等） 生物技术航空航天公司（霍尼韦尔） 太空冒险公司	生物学 生物技术/药物开发/细胞和组织工程 健康/骨质疏松症/医疗设备 对地观测/保护 新材料	预防癌症的药物和疗法 体内诊断 诊断、预防、治疗骨质疏松症的创新模式 纳米材料 髋部、脊柱的超声诊断

附：其他对应用国际空间站开展研究的合作方信息有限。

显然，目前对于 NASA 而言已有非常广泛的服务商为其提供商业载人和货运服务，而 NASA 则积极致力于促进国际空间站在生命和物理科学领域微重力研究和开发方面的应用，特别注重面向制药、生物技术、物理科学和生命科学等目标客户。美国已成立了空间科学促进中心（Center for the Advancement of Science in Space，CASIS），旨在鼓励应用国际空间站的微重力环境开展相关研究和开发工作，在此仅给出了美国利用国际空间站资源开展研发应用的客户概览。

无独有偶，在欧洲也有很多私营公司考虑基于哥伦布空间舱（简称哥伦布舱）开展研究开发工作。但在欧洲，没有专门的科研机构负责研究和促进国际空间站哥伦布舱的应用。这并不足为奇，因为 ESA 对于国际空间站项目的贡献率仅为 8.3%。然而，如第 3 章所述，在国际空间站商业化的早期，ESA 为吸引客户使用其哥伦布舱开展小型实验创造了很多有利条件。但是，现如今所有的研究工作均由 ESA 的 ELIPS 项目进行管理。所有参与研究的大学、研究所和中小企业都积极致力于复杂等离子体和尘埃颗粒物理学、流体和燃烧物理学、材料科学、生理学和生物学等领域的研究。

ESA 一直高度谨慎，避免在研究机构和商业客户之间引发竞争。这是因为 ESA 仅仅拥有哥伦布舱，与 NASA 相比，其在国际空间站上拥有的资源有限，因此优先分配给科研机构开展研发工作。

尽管俄罗斯是空间站商业化的先驱（如第 3 章所述），但他们决定把重点放在吸引研究机构客户上而非商业客户。目前，俄罗斯联邦航天局仍然是唯一一个向国际空间站运送宇航员，并为国际空间站其他合作方提供发射服务的航天局。

20 世纪 90 年代后期，加拿大航天局（Canadian Space Agency，CSA）曾有意为国际空间站的中隔舱寻找商业客户，甚至与一家大型咨询公司签约为客户的商业航天活动开发净现值模型。然而，所有的商业活动后来都终止了，因为各加拿大公司对国际空间站的商业应用并不感兴趣。JAXA 开始国际空间站商业化运作的时间较晚，于 2004 年才启动[①]，采用有偿服务体系开展基于"希望"号实验舱（KIBO）的科学研究项目和文化项目[②]。随着国际空间站的退役，致力于微重力研究的研发公司可能寻求在商业空间站、俄罗斯空间站或中国空间站上搭载他们的载荷。由此产生的问题是，届时欧美各公司是否愿意使用中国空间站搭载他们的载荷。

5.3　空间站商业化的经验教训

如第 3 章所述，国际空间站各合作方从空间站商业化中吸取的经验教训，对于新型航天公司今后的空间活动以及有意促进国际空间站商业化应用的航天局而言具有重要意义。新型航天公司必须创造新的市场，与此同时还须关注来自地面技术的竞争。从上述经验教训来看，

---

①　JAXA 建立了一个开放空间实验室来创建新的商业模式和项目，还启动了 JAXA Cosmode 项目为航天相关产品和服务提供品牌。

②　在 JAXA 的应用体系下，启动了一批项目，如 Olympus 相机任务、Lotte 木糖醇、诗歌竞赛、在太空中搭载花种等。

从事微重力实验的新型航天公司必须清晰地突出他们的独特卖点，扩大客户群体的类型和范围，并建立明确的业务模式。尽管存有很高的期望，但是国际空间站各合作方在空间站商业化的道路上还是遇到了很多困难，国际空间站商业化的经验教训如表 5.2 所示。各航天局曾寄希望于通过商业化收回部分成本，并提高公众对于当前市场机遇的认知。如今这种理念已有所不同，国际空间站的商业应用被视为催生新产业的途径。

表 5.2　国际空间站商业化的经验教训

创造市场容易	空间研究与地面研究：在 20 世纪 90 年代中期，微重力条件下的蛋白质生长被认为有助于形成最佳的蛋白质晶体结构。然而，近几年来，已经在地面实验室中培育出类似的蛋白质晶体
来自地面技术和解决方案的竞争	微重力环境中的蛋白质生长是很有前景的研究领域；微重力环境为晶体生长创造了合适的条件。然而，地面实验室已经成功培育出了类似质量的晶体
不同的定价策略	国际空间站合作伙伴为其提供的服务设定不同的价格
自上而下的市场分析，而不是自下而上的市场分析	在执行任务期间，目前的成本估计是原来的两倍，未来星际间任务的成本可能会超支
商业项目的"上市时间"较长	未知的研发客户和市场，以及缺乏可靠的历史市场数据、营销和销售策略
航天任务至少需要 10 年才能成功	产品的"上市时间"是相当长的

先前的商业化途径对于国际空间站各合作方而言也是一种正常的选择。他们作为公共组织缺乏商业经验，从商业化中预见能够带来的主要益处只能与成本回收相关。

上述经验教训是截至 2008 年从和平号空间站和国际空间站商业化

过程中获得的。在过去的几年里，各参研航天局又从国际空间站上开展的研究中吸取了更多的经验教训。

新型航天公司可能对市场有着过高的预期，他们认为创造市场易如反掌。但是，与蛋白质结晶的案例一样，在微重力环境下进行实验可能会面临与地面上同类实验技术的竞争。此外，他们还将在市场划分、客户辨识和服务定价方面遇到困难，正如第2章所讨论的。

对于国际空间站各合作方而言，在国际空间站上开展的研究工作对骨质疏松症、肌肉和骨骼生理学、神经科学、新材料、新工艺及生物技术等领域具有至关重要的价值。多边协调委员会（Multilateral Coordination Board，MCB）对国际空间站各参研航天局的经验教训进行了总结（见表5.3）。

表5.3 国际空间站项目的经验教训

运 用	建 议
客户团体难以辨识国际空间站应用带来的好处	应用应作为项目长期任务战略的一部分加以发展，并具有明确的技术、政策和宣传目标
国际空间站科学和应用	探索项目应利用国际空间站寻求与未来空间项目有关的科学研究和应用
项目早期与最终客户沟通，确保国际空间站得到有效利用	尽早让最终客户参与，确保项目设计满足各方的需求
最终客户应在国际上协调	国际协调小组将为国际空间站的应用带来好处
商业参与	
在项目的前期即考虑商业合作事宜	在国际空间站项目早期即提供和保证商业机遇是很重要的
建立框架，等待明晰的商业合作市场	应该在国际空间站合作方之间建立一套通用的商业化途径体系

各航天局以前均面临政治、预算和政策上的挑战，如预算的削减、实现成本回收的政治压力以及科学、技术、工程和数学界研究团体对于空间在轨飞行实验机会被商业载荷取代的担忧。显然在国际空间站退役后，各航天局的作用将得到发展。

新型航天研发所瞄准的市场将有助于吸引私人投资者共同为商业载荷融资。因此，新型航天公司未来需要参与空间站项目的前期设计，以便深入介入设计要求，充分享有各学科机架和机柜的使用权，从而保证自身的需求得到满足。由此带来的问题是，研发客户是否愿意将自己的载荷搭载至俄罗斯或中国的空间站上，或是他们更愿意在商业空间站上进行搭载。

各航天局将要面临的问题有：如何在剩余寿命期内最大限度利用国际空间站，维持近地轨道商业服务供给（如空间运输、载荷搭载等），以满足近地轨道服务需求；各航天局如何鼓励私人继续投资近地轨道和微重力研究以及更高轨道的商业服务；私营公司形成的商业能力如何用于未来的月球或火星任务。

新政策的实施将促进公私合营关系的兴起，后者将推动私人空间站的建设，用于开展政府层面或私营层面的微重力实验。相关的问题是，各航天局是继续通过建造空间站来投资近地太空探测领域，还是主要聚焦于科学和行星际任务；一些航天局会更倾向于使用商业轨道运输服务（COTS）模型来建造商业空间站，还是如第3章所述的鼓励工业化空间设施这类平台的建立。

5.4 目标市场

在过去几年里，投资者对美国产生了浓厚的兴趣。2015 年，超过 50 家风险投资公司投资了价值约 18 亿美元的航天交易。最近的研究显示，大约有 250 名投资者对初创公司表示关注，其中 66% 的投资者来自美国。投资者对新型航天公司的关注表明了他们对商业航天的信心，也彰显了对商用载人/货物运输系统、对地观测应用、宽带卫星通信星座、有效载荷搭载等服务稳中有增的市场需求。近年来，在国际空间站上进行研究的商业项目获得的利润和市场与日俱增，市场监管也逐渐放松，这些都表明国际空间站市场已进入巅峰发展期。

15 年来，国际空间站各合作方一直在探索吸引非航天公司在国际空间站上开展研究工作。国际空间站可供这类公司开展的研究领域丰富多样，包括生物技术、生物学、新药研发、骨质疏松症、细胞和组织工程、新材料开发、机器人技术和技术演示验证等领域。在过去 10 年里，许多研究都对基于国际空间站的在轨研发实验以及太空旅游的市场需求进行了评估。其中部分研究通过分析历史发展趋势，对未来国际空间站的在轨实验需求进行了预测。例如，NASA 发布的一项研究中提出了"低端"和"高端"两种预想场景。"低端"场景基于历史发展趋势推演而来，而"高端"场景则结合未来发展和增长预期而给出。其中"国家意向"市场反映的是其他国家将本国宇航员或有效载荷送入国际空间站的国家意向需求,其他类型的细分市场则呈现了包括教育行业在内的市场化需求的信息。NASA 的这项研究在应用研发方面的历史估算中,显然未考虑国际空间站其他合作方的需求。"国家意向"类需求针对的是没有载人及货物运输项目但希望发射本国宇航员以及开展在轨实验的国家。太空旅游则涵盖出于个人意愿而进行航天飞行的参与者。应用研发针对的是有意在国际空间站上进行在轨实验的客户。其他市场则包含了诸如卫星服务、媒体娱乐和教育等在内的次级市场(见表 5.4)。

表 5.4 各细分市场的载人与货物运输需求估计(NASA,商业载人与货运系统市场评估,2011 年发布)

细分市场	货物/低端(磅)[a]	货物/高端(磅)	宇航员/低端(名)	宇航员/高端(名)
国家意向	6180	24720 ~ 28340	36	186 ~ 216
太空旅游	990	17700	8	143
研发和技术发展	0	9500 ~ 13400	—	—
其他市场	—	—	—	—
总计	7170	51920 ~ 59530	44	329 ~ 359

a 1磅=0.45359237千克。

从表 5.5 中可以清晰地看出,即使按照更为悲观的载人航天服务预想场景,运送多达 36 名宇航员的最高市场需求仍来自"国家意向"市场。随着 2024 年国际空间站的退役,一个新的市场机遇将会诞生。投资于商业空间站设计与研发的新型航天公司将寻求吸引来自这些国家的客户,并额外为他们提供完整的宇航员培训项目。

表5.5 国际空间站研发和新兴市场（Tkatchova，新兴市场与空间应用，2011）

研发行业门类	行业应用	市场规模
健康行业		
药物开发 骨质疏松症 医学扫描设备 运动器材 癌症研究 生理学研究	新药开发，微胶囊化 骨微结构测量 预防性药物/治疗，软骨退化 髋部、脊柱的超声波诊断设备 核能对人类健康的辐射影响 预防药物和治疗	到2050年，在欧盟国家中，治疗骨质疏松症的直接总成本预计将达到767亿欧元（I.O.F 2005） DNA研究 在未来的月球、小行星和火星任务中需要开发用于人类航天任务的抗癌药物和治疗方法
细胞和组织工程 骨形成	生物反应器的开发 体内诊断 药物对骨细胞活性的影响	ESA ERISTO 项目[a] 在国际空间站上的 Freqbone 实验
用于航空和汽车工业的轻质高强度材料	轻质材料 新型铸造合金 生物材料 耐高温陶瓷 自修复材料 纳米材料	航空工业 汽车工业 微重力下的3D打印
废物管理 封闭生命周期系统	水净化方法 ESA Melissa 项目	国际空间站的水回收（宇航员饮用循环水）
软件开发	TM/TC数据管理的需求集成、操作和程序管理	SCADA系统管理的软件解决方案
石油开采	采油实验	测量热扩散过程和 Soret 效应 = 原油 SCCO
远程医疗 矿业 核工业 安防行业	神经外科 机器人采矿业 碰撞检测 海事应用 航空应用	国际空间站 METRON 项目用于远程机器人操作 MDA正致力于充分利用其机器人技术经验，开发用于神经外科的机器人工具（MDA 2009） ADS-B 应用于飞行器跟踪
空间碎片	国际空间站上的空间碎片实验	
食品行业	食品加工、保鲜和营养学	ESA Mediet 实验

续表

研发行业门类	行业应用	市场规模
新颖的行业		
广告	百事可乐的广告 "质子号"运载火箭上的必胜客 太空酸奶 太空啤酒	"质子号"运载火箭上的必胜客广告 Richard Branson 的沃尔沃广告
	太空艺术与诗歌	文化
游戏 电影 电视节目	虚拟月球游戏 太空游戏 太空 Wii 游戏	类似于开源软件 Linux。使用开源软件可以降低成本、共享信息、防止数据重复

a ERISTO的目标是利用太空环境的独特优势,开发体外或体内骨质疏松的创新模型,以提供"无机械应力"的实验条件,并改进这种疾病的诊断、预防和治疗(ESA,2010年)。

对于研发市场而言,非航天客户有着不同的产业价值链。此外,正如第 2 章所述,非航天公司将难以知晓微重力研究带来的利益。

主要市场可以分为研发市场和新兴市场,如图 5.4 所示。

新的市场除了商业载人和货物运输市场之外,卫星在轨服务、国际空间站 3D 打印、空间天气和碎片防护服务等也开始蓬勃发展。零重力 3D 打印实验意味着宇航员可以在空间站上修复实验设备和升级实验项目,在空间站上打印的第一批工具之一是棘轮扳手。用于 3D 打印的部分原材料可由地面发射至国际空间站上,另一部分则可通过回收进行再利用。

治疗骨质疏松症的新药开发是一个成功的例子,如治疗骨质疏松症的 Prolia 药物可用于有骨折风险的女性。国际空间站上的密封实验

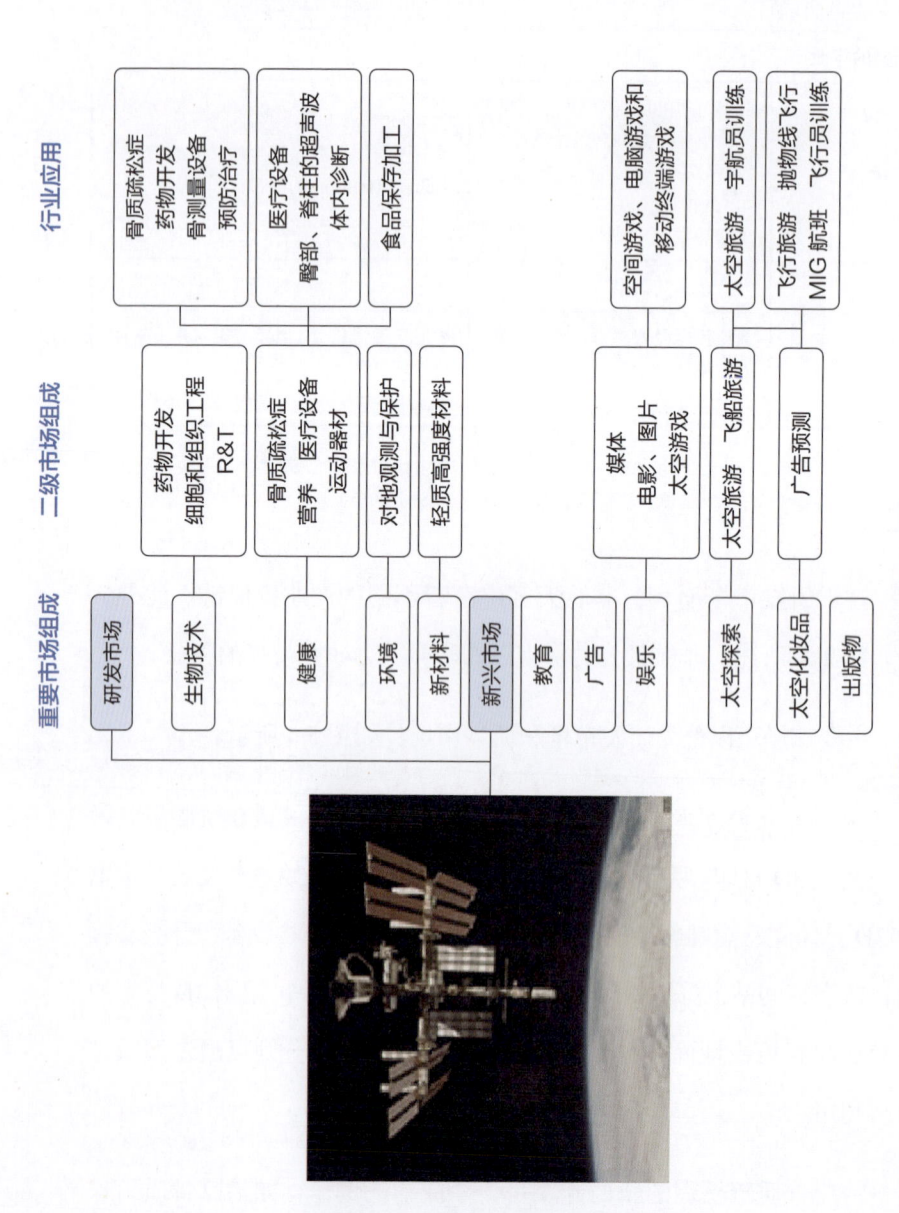

图 5.4　国际空间站目标市场

行业应用
- 骨质疏松症 药物开发 / 骨测量设备 / 预防治疗
- 医疗设备 / 臀部、脊柱的超声波 / 体内诊断
- 食品保存加工
- 空间游戏、电脑游戏和移动终端游戏
- 太空旅游　宇航员训练
- 飞行旅游　抛物线飞行　MIG 航班　飞行员训练

二级市场组成
- 药物开发 / 细胞和组织工程 R&T
- 骨质疏松症 / 营养　医疗设备 / 运动器材
- 对地观测与保护
- 轻质高强度材料
- 媒体 / 电影、图片 / 太空游戏
- 飞船旅游
- 太空旅游
- 广告预测

重要市场组成
- 研发市场
- 生物技术
- 健康
- 环境
- 新材料
- 新兴市场
- 教育
- 广告
- 娱乐
- 太空探索
- 太空化妆品
- 出版物

120

促进了一种新型癌症预防疗法的发展。

健康、生物技术和食品等领域的研发市场可以是相互关联的。如生物技术市场，微重力环境为生物医学工程、组织工程、骨质疏松、生物医学、细胞生长、软骨退变和微型胶囊技术等方面的科学研究提供了新的机遇。

无重力的环境条件有利于 3D 打印过程，同时也为在空间站上开展研究所需要的工具或部件的打印提供了得天独厚的环境条件。定位于"太空制造"的公司为 3D 打印机提供全套的系列产品。例如，增材制造设备将使用多种聚合物进行打印，并被设计应用于空间站的全生命周期。同时，材料回收装置也可能被使用。在空间站上使用 3D 打印技术，将使得客户可以随心选择他们想要在空间站上打印的硬件，无须再从地面发射这些硬件到空间站上。

无重力的环境条件可以加速新药研发过程中的药物筛选，同时生物公司可以对他们的生物模型和相关技术进行试验验证，如生物反应器。在航天飞行期间，宇航员会面临诸如骨骼和肌肉量损失等健康问题，这为骨质疏松领域的研究提供了条件。宇航员每月大约会损失 1% 的骨量，这种在微重力下的骨量损失比骨质疏松症患者在地面上的骨量损失速度还要快，这使骨量损失过程的观测成为可能。如若在宇航员身上对骨骼扫描仪进行开发和测试，并进行骨质疏松症新药物的研发，将有助于找到治疗方案，进而支持地面骨质疏松症的研究。这些用于骨质疏松骨骼扫描的医疗仪器可能成功地在国际空间站上完成测试。

蛋白质结晶研究是另一个成功的案例，其研发出了一种名为 Vicetris

的产品用于治疗丙型肝炎。

进行商业载荷搭载的公司可能乐于传播他们在国际空间站上使用的仪器设备的工作图像。潜在客户可以在研发市场和新兴市场中订购一系列服务。

通过利用现有的商业机遇，各公司可以提高其竞争优势、销售额度和技术创新能力。这些工业应用（如治疗骨质疏松症）的成功发展将有利于未来的航天任务。尤其是对宇航员骨质疏松症预防疗法的开发，将特别有利于长期航天飞行。

5.5 以市场为导向的趋势

目前，美国是吸引私营公司提供商业技术和服务的先锋，各私营公司正在研发国际空间站上的相关技术。一种充气式空间站舱段（如BEAM舱）已完成设计和研制，并与国际空间站进行了对接。目前正在研究新的概念方案，计划将全商业化的舱段对接至国际空间站上，从而为未来全商业化空间站的发展奠定基础。"龙"空间实验室的概念方案提出，未来将要把"龙"飞船改造成一个近地轨道的微重力实验室，并开展为期一周的空间实验。

5.5.1 美国

致力于商业空间站建造和运营的公司也将受到一些国家的航天局的关注。这些国家缺少载人航天项目，却有志于将本国的宇航员送入空间并在空间微重力环境中开展实验。一些公司正瞄准这一市场。据预测，第一个商业化空间站建造的初始发射需求将达到 30 次。随后，一旦相关市场形成，将继续产生 45～60 次的在轨飞行需求。虽然当前流传着许多关于商业空间站服务市场需求的设想，但这些商业公司仍必须持续开拓新市场，创新可持续的商业模式，以保证拥有坚实的客户基础。

1. Bigelow

像 Bigelow 这样的公司已经与 NASA 签订了在国际空间站上进行充气舱测试验证的合同。他们的目标是在 BEAM 舱上对充气展开式舱段技术的可行性进行演示验证。该舱段已由加拿大机械臂 2 号完成与国际空间站的对接，并于 2016 年 5 月成功实施了充气展开，从而使宇航员的居住空间增加了 16.0m^3。宇航员已启用了该舱段，并一直对其状态进行监控。

BEAM 舱是第一个与空间站对接的充气舱。这次成功的技术验证为未来商业空间站充气舱的发展和月球基地的建设铺平了道路。从长远来看，Bigelow 的目标是发射一个配置两个充气舱的空间站。例如，Bigelow 公司正在"下一代空间探测技术合作关系"（Next Space

Technologies for Exploration Partnerships）的框架下，与 NASA 合作研发一种可扩展的 Bigelow 高级空间站增强版（Expandable Bigelow Advanced Station Enhancement，XBASE）（见图 5.5）。

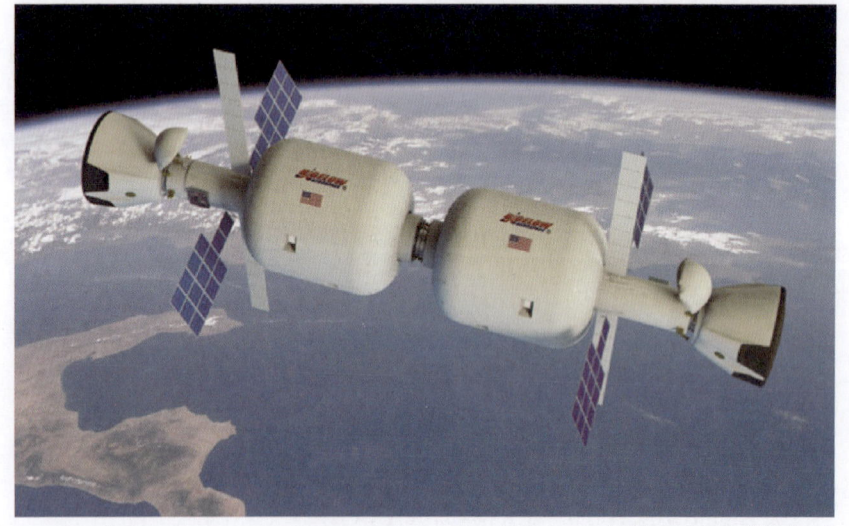

（图源：Bigelow 航空航天）

图 5.5　Bigelow 空间站

一旦充气舱技术对于载人航天而言已发展成熟，那么充气舱建造公司将决定充气舱搭载实验的种类以及舱段的应用方式（见图 5.6）。

向国际空间站发射充气舱将对空间站货物运载需求产生影响。使用充气舱的航天局对国际空间站上行发射质量的需求将减弱。这将导致对重型运载火箭的需求减少，从而对"航天运输行业"造成影响。一场航天运输行业模式的转变即将来临。

(图源：Bigelow 航空航天)

图 5.6　BEAM 舱与国际空间站对接

2. SpaceX

SpaceX 成立于 2002 年，旨在研发和提供低成本的载人和货运运输服务。该公司不仅赢得了数份 NASA 的 COTS 合同，为 NASA 提供载人和货运发射服务，而且是第一个完成私人飞船研制并与国际空间站进行对接的公司。2014 年，SpaceX 赢得了 26 亿美元的合同，将 NASA 的宇航员送上国际空间站。它也是第一家发射多颗卫星入轨，然后将火箭一级控制返回至发射台的私营公司。传统航天工业模式受到了来自 SpaceX 的挑战（见图 5.7）。

SpaceX 的成功得益于从"猎鹰 1 号"运载火箭的研发中迅速吸取经验教训，并快速对设计方案进行改进。SpaceX 经历了三次"猎鹰 1 号"火箭的发射失败，到第四次发射时该公司已接近破产。该公司 80% 以上的硬件是自己生产的，这样可以通过合同分包和生产过程的完全控制来充分节省资金。来自 NASA 的商业轨道运输服务（COTS）的商业再供应服务（Commercial Resupply Services，CRS）合同的稳定资金流，使该公司能够将"猎鹰 9 号"运载火箭和"龙"飞船转入工程实施阶段。该公司注重规模经济的形成，对私人客户和政府客户的吸纳均非常重视。目前火箭一级的回收和重复使用仍受到其他公司的质疑，该技术思路的成本效益仍然需要长期验证。

（图源：NASA）

图 5.7　SpaceX 的货运版商业"龙"飞船被加拿大机械臂 2 号捕获

从 SpaceX 的成功可以学习到的一大经验是：如果硬件产品公司能够完全实现生产过程控制，从而丰富政府和私人客户群，就能实现盈利。

3. Axiom

考虑到国际空间站即将退役，Axiom 等承担国际空间站任务的公司计划在 2022 年向国际空间站发射一个商用舱段。该公司将依靠与国际空间站的连接来组装建造一个商业空间站，并开展宇航员驻留和在轨研发实验。商业空间站的建造将完全由私人资本出资，可以搭载商业载荷和政府机构的载荷。

4. NanoRacks

NanoRacks 于 2009 年创建，其目标业务是进行载荷设计研发并搭载至国际空间站上。NanoRacks 旨在向国际空间站快速交付实验项目，同时为非航天公司提供低成本的载荷设计、研发和搭载服务。该公司意识到国际空间站未被充分利用，因而有机会在国际空间站上多次开展立方星实验。截至 2016 年，他们部署了 130 颗立方星。同时，鉴于小型载荷更容易装载至国际空间站的中隔舱中，因此各大学、中小企业和研发公司能够负担得起小型载荷更为便宜的价格。

NanoRacks 采取了最佳方式与 NASA 打交道，他们于 2009 年签署了一份空间行动协议，用于开展与 NASA 关于立方实验室平台的合作。空间行动协议约定 NanoRacks 使用国际空间站进行立方实验室平台的安装，并开展有教育意义的低成本微重力研究。另一项有趣的空间行动协议是 NanoRacks 于 2016 年与 NASA 签署的，用于 2019 年商业气闸舱的安装。商业气闸舱是 NanoRacks 和 Boeing 公司合作的产物，将用于立方星的部署。在太空行动协议的框架下，NanoRacks 的实验是完全自费的，公司成了 NASA 的客户。例如，NanoRacks 盘式分析仪的成本约 50 万美元，用于生物化学、干细胞和微生物研究。NanoRacks 承诺，如果盘式分析仪无法正常工作，公司将返还 NASA

用于购买该设备的资金。NanoRacks 还自筹资金开展了 NanoRacks 蛋白质晶体生长 -1 号实验，目的是利用商用货架产品实现蛋白质晶体在太空中的生长。25 张结晶卡（CrystalCardsTM）被送往国际空间站，包含大约 10000 个微重力蛋白质晶体生长（Protein Crystal Growth，PCG）实验，放置于为国际空间站提供科学实验场所的 3U（10cm×15cm×20cm）NanoRacks NanoLabTM 小立方太空舱内。在国际空间站上放置 70 天后，返回地面的 25 张卡片中显示有 16 张（64%）含有晶体，而地面控制状态下 25 张卡片仅有 12 张（48%）含有晶体。

该公司正在通过与新型航天客户合作，丰富其客户群体。例如与蓝色起源合作，为"新谢泼德"（New Shepard）号亚轨道飞行器的载荷实验提供标准化的专用空间。

NanoRacks 将安装商业气闸舱，实现基于国际空间站的立方星部署。其他私营公司也有打算在国际空间站上安装商用平台。例如，NanoRacks 将要安装一个外部载荷平台，如图 5.8 所示。

Teledyne Brown 等公司正在研发的多客户地球感知系统（Multi-User System for Earth Sensing, MUSES）将作为其商业数字化业务的一部分。

Hamilton Sundstrand 与 NASA 签署了一项协议，基于 Sabitier 系统在国际空间站上安装一个水回收系统。NASA 未来只为供水服务支付费用。

随着这些商用平台在国际空间站上的成功集成，各种非航天客户将有更多的机会使用这些平台在微重力环境中开展测试实验工作。

（图源：NanoRacks）

图 5.8　NanoRacks 外部载荷平台

5.5.2　欧洲

2015 年，ESA 为实现前沿研究、技术和操作性知识的持续利用，发起了一项倡议，号召以客户为导向自下而上地对国际空间站上的近地轨道平台进行应用。欧洲各航天局对与下列活动相关的创新合作关系构想表示欢迎：

- 在"后国际空间站"时代为欧洲客户开展近地轨道研究提供改进型（如降低成本、缩短进入时间等）和可持久使用的平台。

- 国际空间站应用的新构想，能够最大限度地挖掘国际空间站在推动创新和经济发展等方面的潜能；开发灵感，能够为欧洲将来在国际载人探测事业中发挥的作用做准备。

通过这一倡议，ESA 致力于促进以客户为导向的近地轨道基础设施应用、未来月球和火星探测，以及与工业界的联合研发。

从长远来看，各航天局将来可以与工业界联手探究以客户为导向的探测方式，主要包含微重力研究、空间碎片、卫星在轨服务，以及未来的月球项目等。

对于为国际空间站提供商业载人和货运服务的新型航天公司而言，最大的挑战之一当属国际空间站在 2024 年的退役，或最晚于 2028 年退役。国际空间站退役后，研发"龙"飞船、"天鹅座"飞船和"追梦者"飞船等商业货运飞船的公司，在为他们的飞行器产品寻找新客户方面将面临更大的挑战。

5.6　结论

2016 年，NASA 通过向工业界开放来催生市场竞争环境的形成。但这也为 NASA 带来了风险，因为这些参与商业轨道运输服务（COTS）合同竞标的公司可能无法吸引足够的私人资金。鉴于这些公司都是从零开始研发的，他们在运载器和航天器的研发方面会面临很高的技术风险。今天，我们见证了商用舱段与国际空间站对接，见证了新型航天公司在空间站上安装商用平台的概念方案。这些平台将为非航天公司提供微重力环境。暂且不论商业载人和货运服务的成功升级，国际空间站的退役将对拥有货运飞船的新型航天公司构成威胁。因为在"后国际空间站"时代，新型航天公司将很难寻找到客户。从"和平号"空间站和国际空间站商业化进程中吸取的经验教训或许对新型航天公司有所帮助。这些经验教训吸及了市场开创的艰难，以及来自地面同类技术的竞争，这些都会对他们开展微重力实验造成影响。此外，他们在市场分类和服务定价方面也将面临困难。

国际空间站结束运营后，NASA可能会在美国设立商业轨道运输服务项目，以鼓励新型航天公司发射商用舱段。而在欧洲，ESA可能会与欧盟及工业界建立一种公私合作伙伴关系，从而鼓励欧洲公司发射商用舱段，用于微重力实验的开展。

对于国际空间站各合作方而言，在国际空间站上开展的研究工作对骨质疏松症、肌肉和骨骼生理学、神经科学、新材料和新工艺以及生物技术等领域具有至关重要的价值。在商业载人和货物航天运输市场兴起的同时，其他新兴市场已迈出发展的步伐，如国际空间站的3D打印服务和空间天气服务。在空间站上使用3D打印技术，将使客户可以随心选择他们想要在空间站上打印的硬件，无须再从地面发射这些硬件到国际空间站上。

在"后国际空间站"时代，研发公司和研究机构客户可能考虑在商业空间站（如Axiom one空间站）、俄罗斯空间站或中国空间站上开展实验。

各航天局将要面临的挑战包括如何对国际空间站的剩余运行时间进行最佳统筹，以期维持近地轨道商业服务供给（如空间运输、载荷搭载等），从而满足近地轨道服务需求。另一个值得思考的问题是，各航天局是否能够鼓励私人继续投资近地轨道和更高轨道上的研发工作。国际空间站的某些合作方甚至可能成为未来商业空间站的客户，从而在商用舱段上开展微重力实验。各航天局面临的最后一个问题是：私营公司形成的商业能力能否用于未来的月球或火星任务。

第 6 章
空间碎片减缓

6.1 简介

空间碎片，是指人类空间活动的轨道废物，主要涉及绕地轨道和重新进入地球大气层的碎片和部件。人造空间碎片在自然流星体环境中占主导地位，只有毫米大小的除外。空间碎片包括整体报废的火箭各级、报废卫星的爆炸碎片、油漆薄片、固体火箭的燃烧残渣、释放的冷却剂、火箭顶端的钢针和其他小颗粒，是空间环境的主要污染源（见图6.1）。

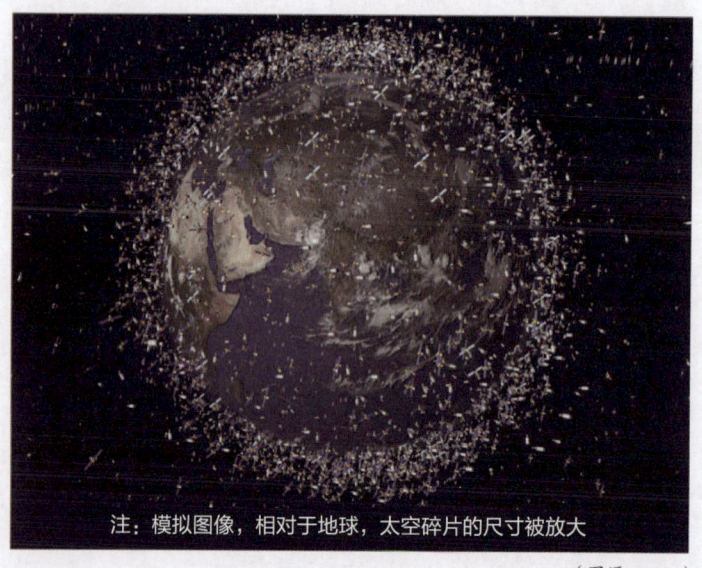

注：模拟图像，相对于地球，太空碎片的尺寸被放大

（图源：ESA）

图6.1 空间碎片

第 6 章 空间碎片减缓

过去 60 年的人类太空活动，发射了大约 7200 颗卫星，相应的，目前有超过 8 吨的人造物体在轨运行。其中，直径大于 10cm 的人造物体有 23000 个（包括废弃的和在轨工作的），直径小于 1cm 的人造物体大约有 750000 个，它们都在环绕地球运行。在这些物体中，在近地轨道上的占 75% 并已编目在册，很可能会与国际空间站或在轨卫星相撞。

有时，即使是最小的空间碎片云的速度也能达到 50000km/h，这会导致灾难性事件。由于自然衰减，近地轨道物体能够重新进入大气层，地球大气的阻力会清除特定区域的碎片（与大气摩擦燃烧），但海拔高于 480km 的空间碎片至少需要几个月才能被完全清理。

一个典型的空间碎片事件发生于 1996 年，当时法国军事卫星 Cerise 数次被阿里安火箭（Ariane）末级火箭残骸击中，Cerise 卫星的重力梯度稳定臂受损。此外，2009 年，美国的铱通信卫星（Iridium-33）和俄罗斯的通信卫星（Kosmos-2251）之间的"碰撞"也成为头条新闻，它们在大约 789km 的高度相撞，平均速度为 42120km/h。碰撞时，铱卫星正在运行，而俄罗斯的卫星已停止服务 2 年。

空间碎片的形成和增加问题日益严重。在过去几年中，空间碎片问题引起人们对国际空间站上的宇航员、卫星和飞行安全的密切关切。1979 年夏天，Skylab 空间站遭遇了空间碎片的来袭，导致空间站早于预期地再入地球大气层并飞越澳大利亚。目前，再入大气层的完整轨道物体占比大约 70%，大约占返回质量的 50%。每周平均有一个航天器或火箭残骸不受控制地再入大气层，每年有 40 个质量大于

800kg 的大型航天器再入大气层，另有 10%～40% 的空间物体在再入大气层后没有燃尽，并影响着地表。

随着未来使用 Ku- 和 Ka- 频段微卫星、纳米卫星等的大型卫星星座的出现，会严重加剧这类问题（见图 6.2）。

未来大型卫星星座

卫星星座	OneWeb	Boeing	SpaceX	SAMSUNG
卫星数量（个）	720	2960	4000+	4600
海拔高度（km）	1200	1200	1100	1400
卫星质量（kg）	150	>100	390	<200

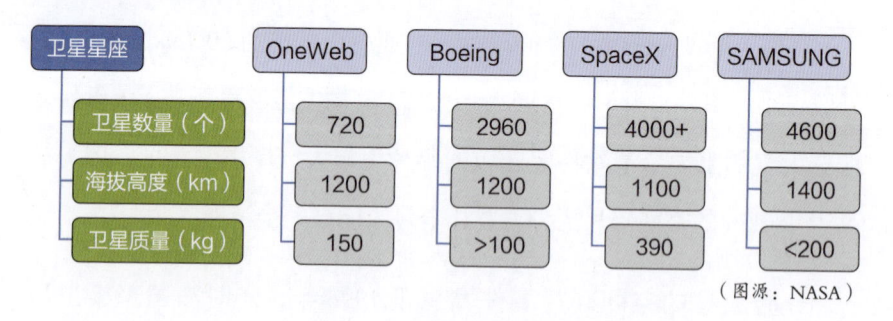

（图源：NASA）

图 6.2　未来大型卫星星座

卫星星座的增多将导致空间碎片的增加，以及近地轨道和地球同步轨道的拥堵。

2006 年，这些不受控的再入大气层的空间碎片对航空飞行所造成的年度风险等级接近 3×10^{-4}，并且对于空中交通来说这一风险等级每 15 年翻一番。2013 年，根据 Sgobba 对哥伦比亚事故所在飞行空域的分析，空间碎片撞击商务班机的概率为 1/1000，撞击通用航空飞机的概率为 1/100。

电影《地心引力》（*Gravity*）很好地展示了空间碎片和链式反映（Kessler Syndrome）构成的威胁。所谓的链式反应，是指空间碎片的密度如此之大,以至于轨道上的物体会经常遭受空间碎片的撞击。导致的预期结果之一是空间碎片对太空探索构成直接威胁,有可能把近地轨道变成废弃卫星的墓地。5年内,有可能就"如何解决近地轨道空间碎片问题"进行政府层面的讨论,这主要源自近地轨道空间的拥挤和不受控性所带来的危险和威胁远远超过空域的拥堵问题。各国(拥有卫星和空间站)政府已开始和国家航天机构、国家空中交通管制部门进行协商,以建立"空间交通管理中心"。

空间碎片事故将引发与责任认定和定损有关的复杂法律问题。《外空条约》(Outer Space Treaty)规定了发射国的系列责任问题,这会带来更加昂贵的发射价格。

日本等国家也积极应对空间碎片问题,并在日本举办了有关"确保稳定利用外层空间"的国际研讨会,大会主题是太空态势感知,提出了以下4种减少空间碎片影响的解决办法:

- 规避——改变航天器轨道以避免与碎片碰撞。

- 防护——低轨航天器对空间碎片的规避主要取决于碎片尺寸的大小,对 1～10 cm 的空间碎片,目前对预期的重大损害没有解决方案;对于大于 10 cm 的空间碎片,航天器可采取通常的规避机动。

- 清除——可使用不同的方式清除在稠密轨道上的大型碎片,如使用电动力缆绳、小型航天器捕获等使其脱离轨道;或使用激光爆破器粉碎。

- 预防——使服役期超过 25 年的航天器脱轨或停在"坟墓轨道"上。

依据上述 4 种方案,当前很难预测哪种方案会提供最多的服务。2050 年,很可能会有类似"国家空间交通管理中心"的机构来处理空间碎片的规避问题;并诞生出新型航天公司来开发小型卫星,与失灵的卫星对接,使其脱离轨道或捕获它们。为此,移除失灵卫星的潜在市场会出现意想不到的增长,超过保护和预防空间碎片的解决途径。为了发展空间碎片的清除服务,新型航天公司需要有经济激励来投资开发避免、保护、清除和预防空间碎片的技术解决方案。某些公司甚至提出了诸如建造"太空电梯"之类的设想,例如日本的 Obayashi 公司构想在 2050 年前建造一个"太空电梯",直达距离地球 36000km 的高轨。

近地轨道和其他轨道的空间碎片拥堵导致了很多问题。是否有任何经济激励措施鼓励私营公司解决空间碎片问题?私营公司能否开发空间碎片治理服务、工具和解决方案?客户和目标市场是谁?利用航天机构和工业界之间的商业伙伴关系开展空间碎片清除任务是否可行?COTS 模型是否也与空间碎片治理有关?如何为治理空间碎片提供资金?新型航天公司怎样才会为空间碎片的治理做出贡献?创建空间碎片治理服务和解决方案是否会带来全球经济效益?随着商业太空运输服务和小型卫星、立方体卫星发射业务的增加,将对人类生命和卫星安全造成更大的威胁(见图 6.3)。为了避免商业发射活动增加所导致的空间碎片碰撞增多,各国政府和工业界可以提议建立一个主动清除空间碎片的奖励机制。在这种机制框架下，碎片的所有者应根据国际法设立类似于 Google X 的基金，鼓励脱轨技术的发展。

注：模拟图像，相对于地球，太空碎片的尺寸被放大

（图源：ESA）

图 6.3 空间碎片

6.2 利益相关方

新型航天公司可在新兴的空间碎片市场中谋取利益，主要利益相关方是航天机构、气象机构、国防机构、商业卫星运营商以及因承保

空间碎片业务而遭受损失的保险公司。2014年，全球卫星产业的增长率为4%，市场规模为2030亿美元。这个市场主要是由商业卫星运营商驱动的，全年卫星消费服务市场规模增长4%，达1009亿美元。其中，卫星电视转播市场约950亿美元，卫星广播通信市场约40亿美元，宽带市场约20亿美元。

2016年，一些诸如Tether Applications和Astroscale等公司已开始研发清除空间碎片的在轨解决方案。从长远看，这些提供空间碎片清除服务的公司将随卫星星座业务一起发展。

同年，欧洲空间局、日本宇宙航空研究开发机构等航天机构也着手调研清除和预防空间碎片的方法。尽管如此，空间碎片的增加也将给发展和提供空间碎片清除和预防服务的私营公司带来更多的商机（图6.4）。

各国政府可以考虑与欧盟、ESA一同制定空间碎片清除和预防的进一步研究计划。欧盟"地平线2020"（Horizon 2020）项目也在征集有关空间在轨服务、空间碎片预防和减缓的建议。

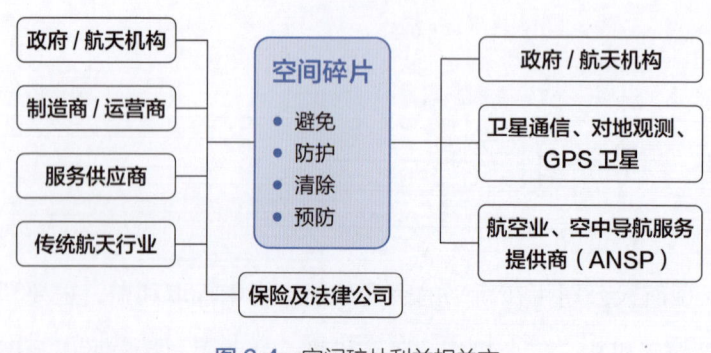

图6.4 空间碎片利益相关方

各国政府、航天机构和 ESA 最好能够描绘出空间碎片清除和预防都有哪些要求和挑战因素，传统的航天公司肯定会积极参与这类项目，法律公司也会跟进这些活动。

6.3 空间碎片和航空安全

在过去的 15 年里，空间碎片对航空业的威胁越来越大，已成为备受人们关注的话题。这些重返大气层的空间碎片所造成的航空风险，其概率在 2006 年就可近似地量化为 3×10^{-4}，在随后的 15 年里已然翻倍。空间碎片对航空活动的威胁一直存在，例如 1996 年，一架由北京飞往武汉的波音 757 飞机驾驶舱外层玻璃在 9600m 的高空因遭到不明物体撞击而破裂，不得不紧急迫降。

2007 年 3 月 27 日，一架智利航空公司的空客 A340 发现了俄罗斯"进步号"飞船的残骸，飞行员经过时听到了音爆，预估距其 8km 远。

另一个例子要追溯到 2012 年 1 月，俄罗斯的"福布斯－格朗特"探测器的碎片不受控制地进入欧洲领空，造成欧洲空域关闭了 2 小时，折合经济损失为 2000 万欧元。

为了应对这种危机，各国（拥有卫星和空间站）政府已开始和国家航天机构、国家空中交通管制部门进行协商，以建立国家空间交通管理中心。2016 年，美国联邦航空局（FAA）开始考虑与联邦航空局商业太空运输办公室合作，向卫星运营商通报可能发生的在轨碰撞。FAA 雄心勃勃的目标相当耗资，必须考虑制订相应的财政计划，以资助这类信息服务。

在欧洲，ESA 承担处理空间碎片问题的挑战。例如，ESA 已经着手建立"碎片再入直接广播告警系统"（Re-entry Direct Broadcasting Alert System，R-DBAS），该系统可直接向经过空间碎片坠落空域的飞机告警。

6.4　ESA 空间碎片项目

为了应对日益严重的空间碎片威胁，各国政府和空间机构对空间碎片减缓提出了明确的要求。ESA 设立了一项清洁太空的倡议，鼓励开发清除空间碎片和研制无碎片航天器的新技术、新方法。值得一提的是，这一举措旨在推动欧洲航天工业发展将面临的环境挑战转化为获得更多的商业机会。

ESA 清洁太空的倡议意在深入了解当前空间碎片治理和清除领域所取得的技术进展，针对上述目标，清洁太空的倡议主要包括 3 个任务模块（见图 6.5）：

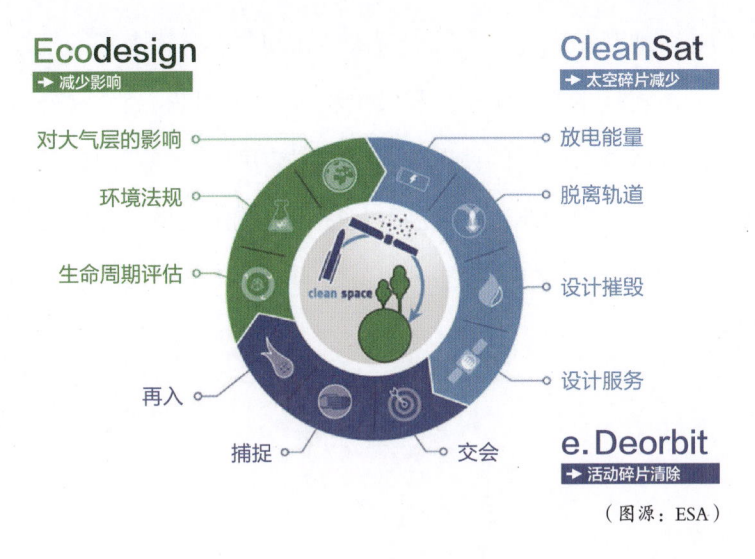

图 6.5 ESA 清洁太空计划
（图源：ESA）

- Ecodesign——旨在解决环境影响的设计；

- CleanSat——旨在减少空间碎片的产生；

- e. Deorbit——从轨道上清除大块的空间碎片，如 Envisat 卫星。

e.Deorbit 任务可为创造新市场和服务提供最大的机会。它将是世界上第一个主动碎片清除任务，主要瞄准以下几个领域进行技术研发：非合作交会和编队飞行；捕捉和控制大型非合作目标，以及发展自适应制导、导航和控制的能力。主要设想是，当 ESA 开发出技术平台并验证其可行性后，私营公司将使用该技术平台或类似的技术平台，将大型废弃卫星从轨道上移除。目前，尚不清楚 ESA 将选择何种办法来鼓励建立预防空间碎片威胁的新市场和服务。

ESA 的一个可能方案是设立项目，让私营公司利用天基技术（远程通信、对地观测和导航系统）解决地面问题。第二个方案是将具有空间碎片离轨技术的卫星平台租赁给私营公司，只有当私营公司在受到强大的经济利益刺激的情况下，该方案才可行；第三个方案涉及平台任务开发的早期阶段，要开展对目标客户转化为最终客户的市场研究，任务一旦开始运作，这些客户就会因商业化的驱动而成为正式的参与者。

6.5　JAXA 的研究

JAXA 等其他航天机构专注于实施电动力缆绳（EDT）清除空间碎片的设想。JAXA 正在研究一种带有多个 EDT 系统的碎片清除航天器，安装了 EDT 系统的航天器在接近碎片时，可按规定的程序激活并展开缆绳。EDT 推力可降低碎片的运行轨道高度，直到它重新再入大气层。

日本 Nitto Seimo 等公司正考虑借鉴渔业公司的经验，开发空间碎片清理技术。日本 Nitto Seimo 是一家拥有制造渔网经验的公司，已开发出一种长 1km、宽 30cm 的金属纤维"太空网"。其设想是，发射的卫星可在轨展开 300m^2 的钢丝网，从而形成磁场移动碎片。JAXA 现已和 Nitto Seimo 公司签订了协议，使这项技术的研发成为可能。这项协议旨在为新型服务、解决方案和市场创建（如在轨卫星服务）铺平道路，但实验没有成功。然而，空间碎片清除业务所带来的新市场，会加剧未来航天公司在空间碎片清除概念和技术研发上的竞争。

6.6 目标市场和服务

空间机构应率先制订计划，建立规避、防护、清除和预防空间碎片的技术试验平台。如前所述，虽然预测哪些领域会成长和发展得最好还为时尚早，但一些公司已开始启动了各种清除空间碎片和占据商机的项目。某些公司（如 Tether Application 公司）研究使用电动力缆绳的自主航天器捕获碎片，并将其移动到"坟墓轨道"上的可行性。其他公司则试图借鉴渔网公司的经验，以开发空间碎片清理技术。航天机构应鼓励这些方案的开发，让航天公司以此发展技术解决途径和服务。

这些公司要围绕"清洁太空倡议"发展服务。尤其在主动清除碎片方面，某些公司可专注于研究空间碎片增长、风险分析和捕获碎片的预测模型。通过运用其他行业知识如机械自动化、信息技术和渔业等，研发清除和预防空间碎片的预测模型、技术方案以及工具。

空间碎片市场是一个横向市场，其增长会带来一些技术和概念的发展，如卫星在轨服务（燃料补充、维修等）。

具有提供商业航天运输服务，以及建造和运营立方星能力的新型航天公司，可以利用眼下的市场机会。航天机构可以依此建立起公私合作关系，类似欧洲航天局或欧盟通过合资企业建立的 NASA COTS

运营模式。

为空间碎片清除业务提供奖励是十分必要的,如建立奖励制度估算私营公司参与的潜在报酬,提议的制度框架能够计算出碎片的质量、速度、轨道及其他特征,以及对现有在轨航天器所造成的预期损害。依据这些损害估值,为每个致力于提供空间碎片服务的公司分配一笔货币奖励,最后由国际空间碎片奖励基金支付给有贡献的公司。

为了解决日益严重的空间碎片威胁,航天机构必须制定经济激励方案,以吸引私营公司参与发掘清除空间碎片的解决方案。

6.7 卫星在轨服务

卫星在轨服务是指对在轨的卫星进行维修、维护和补给,广泛应用在空间站的维修和维护上,著名的哈勃望远镜已在轨维修了三次。第一次维修了遮光罩,后又安装了新的外部覆盖层和一个冷却系统外散热器。尽管哈勃望远镜的设计初衷并不是为了被维修,但三次在轨维修任务都取得了成功(见图6.6)。

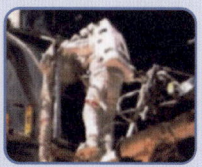

从左至右：第一张图是在 SM2 期间维修遮光罩；第二张图是在 SM3A 期间安装新的外部覆盖层；第三张图是在 SM3B 期间，安装 NICMOS 冷却系统外部散热器，最后一张是在 SM4 期间，移除了高级测绘相机的卡。每次维修需进入并非为维修服务设计的接口，但是每次都十分成功。

图 6.6　哈勃望远镜在轨服务

NASA 鼓励卫星在轨服务的另一个领域是建造一个机器人宇航员"Robonaut"（R2），它会先在空间站内部运行，然后帮助宇航员进行舱外作业（图 6.7）。

图 6.7　机器人宇航员"Robonaut"

美国国防高级研究计划局（DARPA）等机构正在组织研究凤凰（Phoenix）计划，该计划旨在通过开发和演示新卫星组装架构和交付系统来降低天基系统的成本。此外，退役的地球同步轨道卫星的有价值部件将被重新利用。其目标是验证以大幅度降低的成本创建新型空间系统的能力。Phoenix 计划正在超越以往的"传统"在轨服务概念，如进行燃料补给或重新部署空间资产，而通过利用远程测试在轨装配技术来寻求创造价值的新途径。如果可能在轨道上组装空间系统，那么就有希望降低新型空间系统的成本，并改变进入空间的经济模式。该设想主要是再利用已在轨的太空资产从而提高在轨太空资产的投资回报，包括重新使用（经许可）已经被闲置的空间系统部/组件。

SSL 等私营公司也在开展诸多方案的研发，加拿大 MDA 公司正在研究 Vivisat 卫星的服务任务。当前，航天机构仍是发展卫星在轨服务的主要投资方，伴随空间碎片清除市场的增长，私营公司将不可避免地成为卫星在轨服务发展的积极力量。

6.8　结论

空间碎片碰撞的风险对人类生命、卫星和航空业安全的威胁日益增加，这就要求采取明确的措施治理碎片。这些步骤引发了以下问题：是否有任何经济激励措施可以鼓励私营公司解决空间碎片问题？私营公司能否开发空间碎片治理服务、工具和解决方案？客户和目标市场在哪里？是否可以利用航天机构和工业界间的商业伙伴关系开展空间碎片清除任务？COTS 模型是否也与空间碎片治理有关？如何为治理空间碎片提供资金？新型航天公司怎样才会为空间碎片的治理做出贡献？创建空间碎片治理服务和解决方案是否会带来全球经济效益？

拥有轨道卫星和空间站的各国政府应考虑与国家航天机构、空中交通管理部门进行协商，以建立国家空间交通管理中心。新型航天公司需要有经济激励，用于投资开发规避、防护、清除和预防空间碎片的技术解决方案。ESA 清洁太空倡议意在深入了解空间碎片治理和主动碎片清除（Active Debris Removal，ADR）领域迄今为止所取得的技术进展。

未来，ESA 可以设立一个类似 ESA ARTES 21 IAP 的方案，私营公司可据此方案利用天基技术（远程通信、对地观测和导航系统）拟订解决地面问题的办法。ESA 还可以将具有空间碎片离轨技术的卫星平台租赁给私营公司，前提是私营公司有强烈的经济动机去做。因此，一旦平台开始运作，他们就可以成为负责其商业化的参与者。机器人、IT 和渔业等其他行业的经验知识，可应用于开发清除和预防空间碎片的预测模型、技术解决方案和工具。实施拟议的空间碎片清除奖励制度等办法来提供资金是可行的，能够帮助从事空间碎片清理活动的私营公司评估其潜在收入。现有环境形势的挑战不仅对航天工业来说是新的市场机会，对研发清除、规避空间碎片概念的其他一些公司也是如此，还有可能带来卫星在轨服务的创新发展。航天机构可能会鼓励建立公共合作关系，以赢得未来空间碎片清除概念发展和市场开发的机遇。

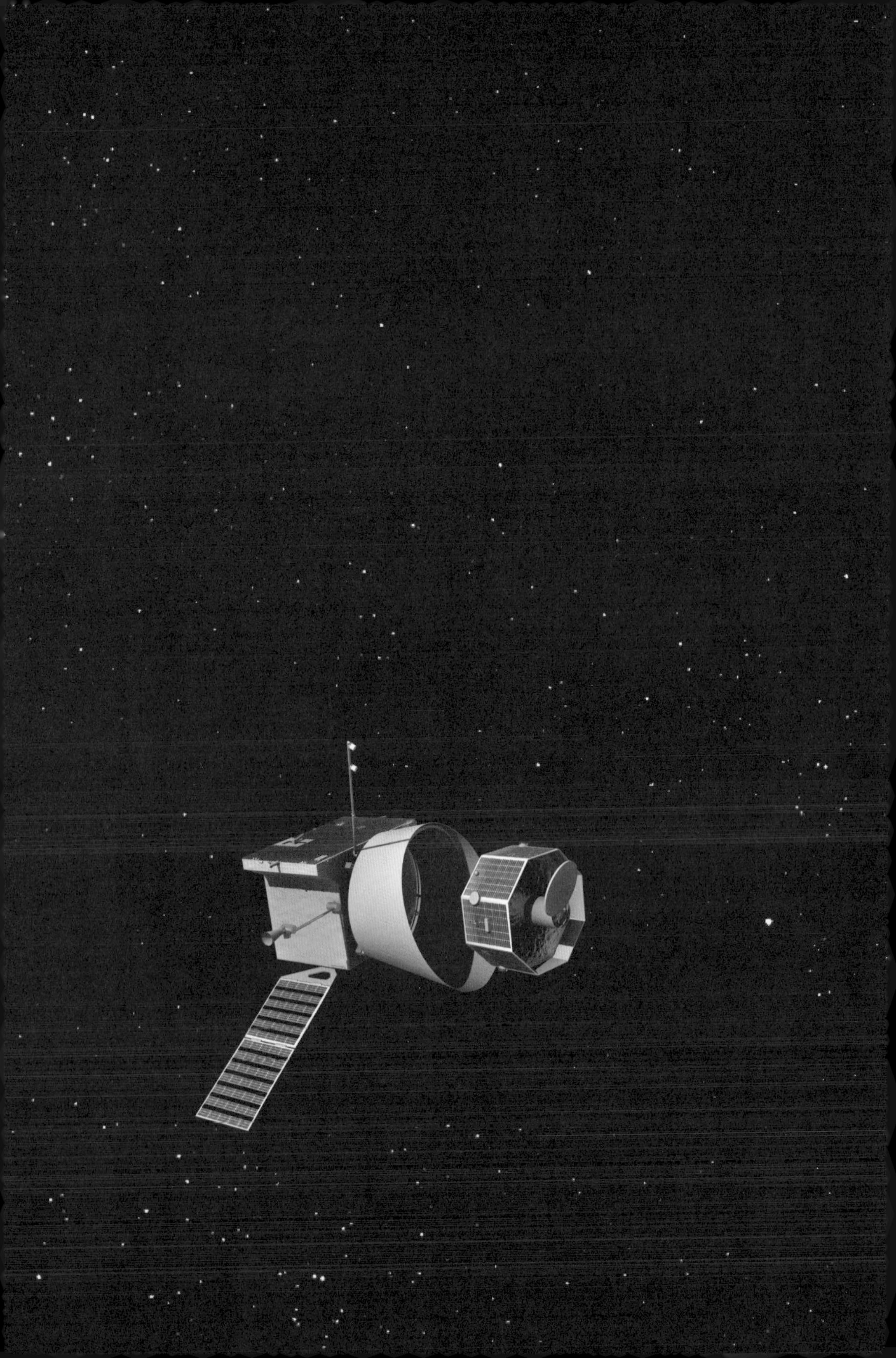

第 7 章

亚轨道市场

7.1 简介

亚轨道飞行的梦想在 2004 年开始成为现实，Burt Rutan 凭借 "太空船一号" 获得了安萨里 X 奖，该飞船由 "白骑士" 载机（缩尺复合材料公司制造）进行空投发射。就在获奖之前，Richard Branson 宣布了维珍银河的成立。它由 Virgin、Scaled Composites 和 Mojave Aerospace Ventures 联合创立，志在开拓亚轨道太空旅游业务。它开创性地完成了新型可重复使用载人和货运亚轨道飞行器的研发，标志着一个全新的航天产业开始兴起。

"太空船一号"的成功飞行激发了欧美航天创业精神的树立，催生了欧洲亚轨道公司的诞生，如维珍银河、哥本哈根亚轨道和助推器工业公司。它们都致力于研发新型亚轨道飞行器，紧抓市场新机遇。这促使部分欧洲国家研究建造航天港，如瑞典的备用航天港和荷兰的加勒比（Caribbean）航天港。

7.2 利益相关方

2016 年，亚轨道市场的主要参与者是私人投资者、制造商/运营商、客户、服务供应商、传统航天公司、保险和法律公司等。传统航天行业中，国有航天公司在各航天局的支持下发展壮大。与之相反，新兴的亚轨道行业中有许多私人投资者，如 Paul Allen、Richard Branson、Jeff Bezos 等。他们主要投资于亚轨道飞行器的研发、新型亚轨道服务的提供、新市场的开拓，以及面向亚轨道可重复使用飞行器（Sub-orbital Reusable Vehicle, SRV）持久运营的新型商业模式的定义，亚轨道利益相关方如图 7.1 所示。

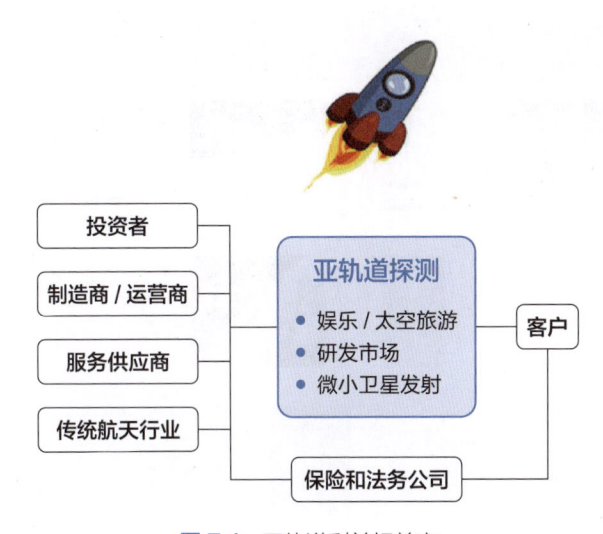

图 7.1 亚轨道利益相关方

亚轨道航天产业的制造商 / 运营商和投资者首先出现在美国，随后是欧洲，例如 Virgin Galactic、Booster Industries、Copenhagen Suborbitals 等公司。此外，在某些市场（宇航员市场）中，制造商 / 运营商和服务供应商之间的竞争将会加剧。利益相关方之间将会相互依存[1]。亚轨道飞行器的研发是有阶段性的，不同的利益相关方着眼于不同的研发阶段，亚轨道飞行器及其研发阶段的划分如图7.2所示。

2016年，蓝色起源公司成功地完成了"新谢泼德[2]号"火箭的三次试飞。维珍银河的"团结号"亚轨道飞行器预计即将进入运营阶段。其他的如Booster Industries的飞行器，已经进入任务规划和设计阶段。

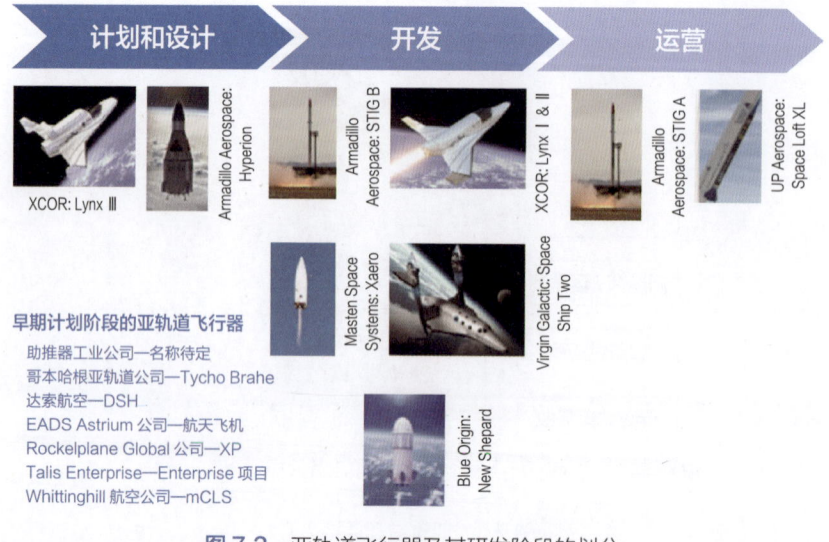

图7.2 亚轨道飞行器及其研发阶段的划分

亚轨道服务的目标客户丰富多样。2004年，"太空船一号"成功试飞后，人们坚信富豪和私营公司将是亚轨道飞行器的主要客户。暂

---

[1] 一些作者建议使用博弈论和价值网的方法来分析在载人航天训练行业中不同角色的演变过程。

[2] 2015年11月23日，首飞达到100.5 km的高度；2016年1月22日，达到101.7 km的高度；2016年4月2日达到103.8 km的高度。

且不论一般大众的强烈兴趣，制造商/运营商已开始将其服务类型向多样化转变。他们正在寻求开发其他的服务类型，例如基于各自的飞行器开展抛物线飞行、对地观测服务和微型卫星部署等（见表7.1）。

表7.1 亚轨道利益相关方、组织机构、市场和潜在服务描述

利益相关方	组织机构	市　　场	潜在服务
制造商/运营商（亚轨道探测）	**美国** 蓝色起源公司 XCOR 公司 马斯登空间系统公司 维珍银河公司 缩尺复合材料公司 平流层发射公司 **欧洲** 助推器公司 反应发动机公司 哥本哈根亚轨道公司 荷兰环宇太空旅游公司 **俄罗斯** КосмоКурс 公司	太空旅游/娱乐 研发市场 对地观测 微小卫星发射	亚轨道运载服务 太空旅游服务 宇航员训练 抛物线飞行 研发载荷搭载 微小卫星部署 技术演示验证
服务供应方（地球轨道/亚轨道探测）	太空探险公司 零重力公司 UP 宇航公司 瑞典航天港 荷兰加勒比航天港	抛物线飞行 航天飞行训练 技术试验验证	太空探险 娱乐服务 电视广告
客户（亚轨道探测）	富豪和富有的公司 参与竞争的销售机构 非航天客户 航天局或其他空间研究机构		
保险和法务咨询	航空法与空间法国际研究中心 Willis Inspace		人寿保险 第三方责任险 法务咨询

美国和欧洲的亚轨道公司在亚轨道研发和运营方面面临不同的发展机遇。在欧洲，他们很容易获取和利用中小型航天企业的工程实力，

并与有合作意向的研究机构进行接洽。但是，欧盟各国家的领空主权使合作的法律框架变得复杂。欧洲的传统大型航天公司，更多扮演的是顾问和观察员的角色；而传统的欧洲中小企业实际上只关注与新型航天公司的合作。如果亚轨道研发市场成功发展并壮大，将对在亚轨道飞行器上开展的实验的设计、构建和集成能力产生迫切需求。这将使传统航天公司的作用更为重要。

在美国，公司是有机会获得飞行实验许可的。与欧洲的同行相比，美国公司似乎更容易获得私人资金。NASA 的"飞行机会"项目（见第 1 章）为诸多研究机构提供了在亚轨道平台上进行载荷搭载的机会（如 Virgin Galactic、Xaero）。正如第 1 章所述，该项目允许进行飞行器的测试、飞行可靠性的建立，以及基于飞行器进行研发载荷搭载的探索。而目前在欧洲并没有同类项目为亚轨道飞行器的试验及其教育或研发载荷的搭载试验提供支撑。欧盟太空战略的实施旨在促进航天应用服务新市场的发展，有可能推动欧洲监管机构和各成员国使飞行试验许可的发放成为可能，从而实施与 NASA 支持的项目类似的项目。

7.3 可重复使用亚轨道飞行器的经验教训

2004 年，全世界见证了一个历史性的时刻，"太空船一号"进行了首次亚轨道飞行，并因此获得了安萨里 X 奖。"太空船一号"由缩尺复合材料公司研制，该公司为 Burt Rutan 所有，并由微软联合创始人 Paul Allen 共同出资。获奖的前几天，Richard Branson 宣布与缩尺复合材料公司合作成立一家新公司——维珍银河。该公司计划以 20 万美元的售价为乘客提供亚轨道飞行。于是，一个新行业诞生了，其资金完全来自 Paul Allen、Richard Branson、Jeff Bezos 等私人投资者。许多公司已开始进行可重复使用亚轨道飞行器的设计研发，如美国的蓝色起源、XCOR、维珍银河，以及欧洲的哥本哈根亚轨道公司和助推器工业公司等（详见第 7、8 章）。这些公司在欧洲的成长环境和在美国是不同的。在美国，这些公司获得了联邦航空管理局（Federal Aviation Administration，FAA）授予的亚轨道飞行试验许可。他们还加入了 NASA 的"飞行机会"项目，从而能够获取飞行时间计划。相比之下，欧洲既没有飞行试验许可，也没有为亚轨道公司提供飞行计划的同类项目。因此，一些欧洲的亚轨道公司决定在美国注册。然而，随着欧盟太空战略的实施，这种情况有可能改变，该战略旨在促进航天应用服务新市场的发展。未来几年，欧盟"地平线 2020"计划将在欧洲研究和创新竞争力的框架下，为基于亚轨道飞行器的空间应用和研发实验的发展提供资金。

在发展初期，亚轨道航天产业遵循着开发太空旅游市场、为顾客提供 3~4 分钟微重力黄金体验的发展理念。基于航天主题的产品推广也是很有前景的细分市场之一。Richard Branson 在沃尔沃的推广广告中谈到了未来的载人航天飞行。维珍银河的品牌开始得到认可，凌仕香水的广告展现了航天主题产品定位的巨大市场潜力。这种潜力实际上在 20 世纪 60 年代和 70 年代就已崭露头角。特别是在阿波罗（Apollo）项目期间，当时以航天为主题的产品植入很常见，甚至对产品的设计和材质也造成了深刻影响，如汽车。

亚轨道公司必须自问：目标市场是什么？客户是谁？公司的承诺能否在一定程度上，为亚轨道运载器的研发带来足够的资金？亚轨道服务提供商如何丰富他们的服务并找到其他目标市场？未来规模经济能否形成？亚轨道公司如何能最有效地与传统航天公司合作并借鉴他们的历史经验？

亚轨道公司在过去 12 年里吸取的惨痛教训之一即太空旅游市场的开创并非易事。这些公司必须思考以下问题：亚轨道服务有市场吗？一旦可重复使用亚轨道飞行器投入运营，太空旅游和研发市场会开始腾飞吗？这些市场的发展需要多少年？

需要谨记的是，亚轨道航天产业的发展至今已历时 12 年，亚轨道公司目前并未拥有低风险的市场为他们带来稳定的收入来源，这样的低风险的市场能够保证公司在没有各航天局支持的情况下也能继续生存。部分公司低估了安全要求的复杂性和重要性。

亚轨道公司也积累了一些积极的经验，例如意识到太空旅游市场是短期且不稳定的。因此，一些公司开始研究使用可重复使用亚轨道飞行器（SRV）进行微小卫星的发射和研发载荷的搭载飞行。SRV 服务商需要对未来客户回答以下问题：客户们愿意在亚轨道飞行器上搭载他们的研发载荷吗？4 分钟的微重力环境对他们的实验来说是足够的吗？

亚轨道行业的竞争属性为新技术的发展带来了一些积极的影响，

如可重复使用亚轨道飞行器"新谢泼德"的成功发射。然而，在过去几年中，该行业在定期性的亚轨道飞行和对客户的承诺等方面，面临着越来越大的压力。到目前为止，该行业的一些新兴航天公司都未能实现定期性的亚轨道飞行。一些持怀疑态度的人开始质疑，10年前有关亚轨道市场的大肆宣传不过是富人的另一种把戏而已。从现在开始，各亚轨道公司不仅要进行产品研发，还要证明他们有能力开拓长期且可持续的市场、有能力创造新的市场机遇。

同样的，从事新型可重复使用亚轨道飞行器研发的公司也面临着技术、资质认证、市场和预算等风险。当风险资本撤出，或当投资者的兴趣向更安全、更能实现盈利的行业转变时，可能导致突然的预算削减。SRV 行业在过去的 12 年的经验教训，对未来参与原位资源利用（in situ resource utilization，ISRU）项目的新兴航天公司大有益处。致力于小行星采矿和太空资源开发利用等项目的公司可能面临类似的问题。

目前，亚轨道公司的运营环境极其复杂。他们需要首先展现出为公众提供安全可靠的亚轨道飞行的能力，同时还要吸引私人融资并进行亚轨道飞行器的建造和运营。

7.4　亚轨道目标市场

早在 2004 年，亚轨道市场发展的前期，其目标市场是载人航天旅游或训练。但是，根据 Tauri 集团的市场研究报告（可重复使用亚轨道飞行器：2013 年对未来 10 年市场需求的预测），随着亚轨道飞行器的发展，对地观测（如遥感）、研发载荷搭载和微小卫星搭载等市场开始显现。

市场研究报告的作者对上述市场领域的市场需求进行了情况分析。他们提出了基准情景、增长情景和受限情景三种类别。基准情景下，亚轨道飞行器运营的政治和经济环境与当前相近；增长情景则设想未来的亚轨道飞行乘客和飞行器搭载的研发载荷数量会增加；受限情景则设想全球经济会出现恶化（如图 7.3 所示）。

在上述三种情况下，商业载人航天的需求预计是最高的。以目前的基准场景预计作为一个参考，未来一年预计会有 335 个飞行体验座位需求，而未来 10 年将增至 400 个飞行体验座位。这种情景接近真实情况，因为一些亚轨道公司声称，它们已经收到并确认了 700 份进行亚轨道飞行的报名登记（Galatic 2016）。Tauri Group 较早的一项研究（可重复使用亚轨道飞行器：2013 年对未来 10 年市场需求的预测）声称，截至 2012 年已有约 925 个飞行体验座位被预订[1]。因此，基准方案相对于这些数据还是相当保守的。

除了太空旅游，作者还对另外两类重要的市场进行了分析，即基础应用研究市场（如研发市场）和教育市场。前者在第 1 章中已提及，其与研发市场相关，涉及基于亚轨道飞行器的材料科学实验和生物医

---

[1] 该预订仅包括以下公司的信息：犰狳（Armadillo）、蓝色起源（Blue Origin）、维珍银河（Virgin Galactic）和XCOR。

第 7 章 亚轨道市场

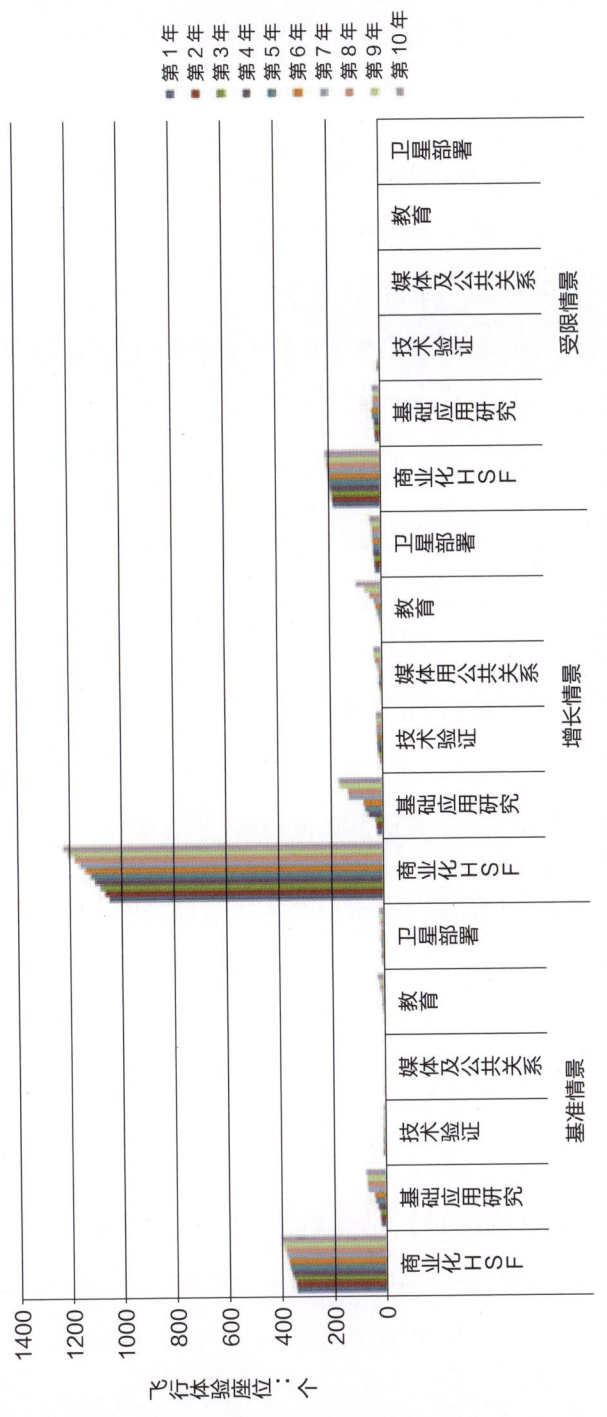

图 7.3 亚轨道服务市场需求预测（可重复使用亚轨道飞行器：2013 年对未来 10 年市场需求的预测）

学实验。后者教育市场主要是将教育载荷搭载至亚轨道飞行器上，并在 NASA "飞行机会"项目的框架下，将类似的实验整合至飞行器上。

许多专家认为微小卫星部署市场是有发展前景的，因为像维珍银河这样的亚轨道公司对此非常感兴趣。亚轨道飞行器可设计用于近地轨道小卫星的发射入轨，这是一个尚未充分开发的微小卫星市场。例如，维珍银河公司计划以低于 1000 万美元的价格向太阳同步轨道发射 200kg 的卫星（银河）。因此，他们不仅正在考虑进入这个新市场，还要将其发展壮大。

7.4.1 太空旅游

太空旅游市场主要包括让富裕人士、受资助的个人或一些奖项的得主乘坐亚轨道飞行器。航天飞行乘客将经受 1～5 分钟的微重力环境，并将在历时 2 小时的飞行中抵达 100km 的高度。

亚轨道公司将提供抛物线飞行、航天飞行训练等一系列服务。航天飞行乘客将接受为期数天的短期培训，并将与其他乘客一同飞行。起初，一些 SRV 公司甚至考虑在 2016 年左右就为客户提供抛物线飞行服务。但是后来，他们计划于 2019 年发射小卫星，在 2020 年提供亚轨道服务。

根据运载工具和高度的不同，他们将为航天飞行参与者在一定范围内制定每个座位的价格。例如，2013 年 XCOR 的价格是 9.5 万美元/座，而维珍银河的价格为 20 万～25 万美元/座。2004 年，最高票价为 20 万美元；2016 年，票价已达到 25 万美元甚至更高。亚轨道座位的价格将受到很多因素的影响，如预期投资回报、盈利能力、需求波动、航天港税和飞行许可证。在亚轨道运行的初期，预计价格会更高，当亚轨道飞行需求增加时，价格会下降。然而，由于飞行许可的监管问题或经济衰退，每个座位的价格可能会上涨。

2004 年，亚轨道旅游的梦想刚刚诞生，引起了许多梦想家、企业家和普通公民的关注。为了推广航天飞行、吸引乘客，制造商/运营商和服务供应商为了拿到不同的奖项而主动赠予座位。2004 年至 2012 年间，人们通过它们对于拿奖的竞争，赢得了超过 15 个免费座位。

尽管亚轨道飞行的报名登记人数众多，但公众和非航天企业家低估了亚轨道飞行器研发的复杂性、安全监管要求、时间周期、发生惨痛事故的风险，以及亚轨道太空旅游市场负面新闻的影响。亚轨道公司的运营环境是复杂多变的。在此环境下，关于亚轨道飞行具有广阔的市场或该市场容易被开创的假设都具有很大的误导性。

太空旅游市场的快速增长取决于以下几个方面：首先是定期、安全、可靠亚轨道运营的成功实现；其次是良好的经济形势允许富裕人士拥有足够的资金购买座位；最后是监管阻碍的弱化，为亚轨道飞行器运营的飞行许可获取提供便利。

7.4.2　研发类载荷

在亚轨道飞行器上开展研发实验和环境研究，对于制药、生物技术、医疗和其他设备是一项全新的挑战。研发市场还将包括理工学界的研究团体。与在抛物线飞行中的实验开展方式类似，这些研究团体的博士研究人员同样可以在可重复使用亚轨道飞行器上开展实验。

研发市场还没有进入发展的"初期阶段"，制造商/运营商和服务提供商尚不熟悉这些市场的存在形式。目前，在亚轨道飞行器上进行研发实验的想法已经崭露头角，但有关其当前机遇和益处的公共研究仍较为有限。随之而来的问题是：亚轨道创业者能否从国际空间站上开展的研发类研究中吸取经验教训。图 7.4 描绘了亚轨道飞行器目标市场的总体概况。其被分为研发市场和新兴市场，其中制药和太空化妆品公司的实验均可以集成到亚轨道飞行器上。

基于亚轨道飞行器可以开展很多与人类生理学相关的研发实验，包括微重力对心血管系统的影响、血压调节（Migeotte 2016）和前庭系统调节，以及医疗器械测试等领域（例如，正子放射断层扫描仪、磁共振成像仪、和髋部、脊椎超声诊断设备）。那么，可以将国际空间站的一些研发市场与亚轨道研发市场相关联吗？

大气研究和对地观测科学领域的环境研究也可能具有很高的相关度，特别是上层大气原位研究。例如，维珍银河公司的"太空飞船二号"上就搭载了美国国家海洋和大气管理局的大气传感器。石油和货架公司也可以使用对地观测载荷对石油的回收情况进行有效监测。

除了教育、娱乐和广告市场之外，另一个很少被考虑到的新兴市场是太空化妆品市场。化妆品公司可能会向微重力环境下的医疗方法研发进行投资，例如美容霜和美发产品。研发市场面临的主要问题是：

5 分钟的微重力环境对基于亚轨道飞行器的生物医学或材料科学实验是否足够。此外，亚轨道飞行器制造商必须明确亚轨道飞行器的搭载方式，以及以千克为单位的定价方式。

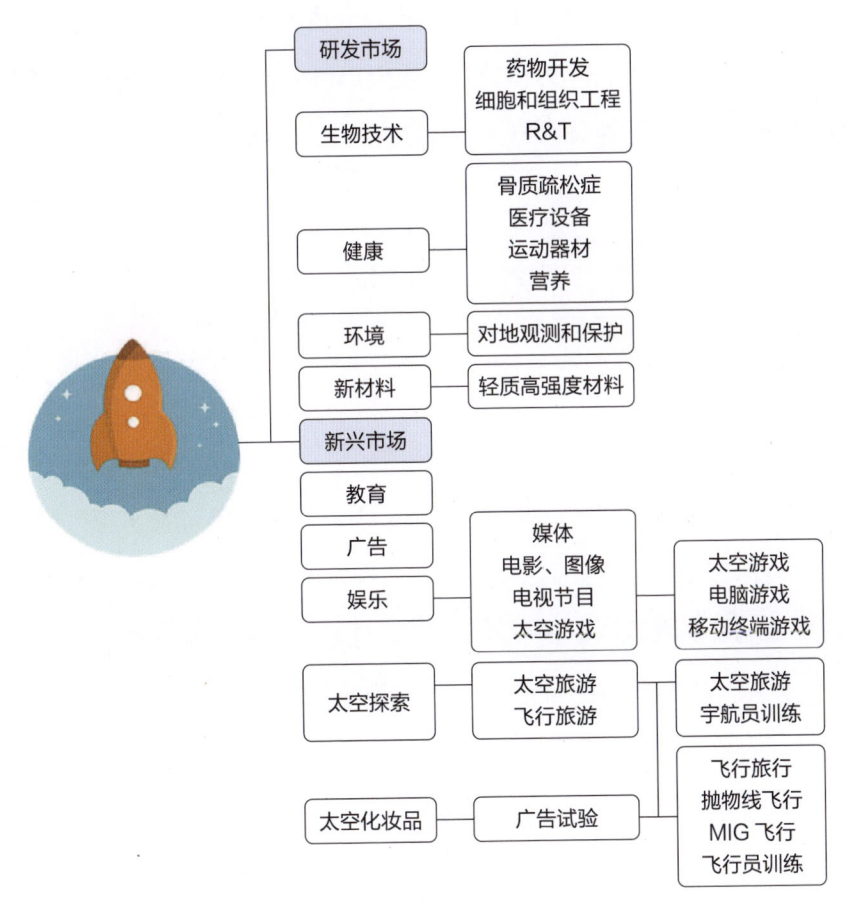

图 7.4 亚轨道飞行器目标市场的总体概况

在上述市场（如图 7.4 所示）背景下，志在基于亚轨道飞行器搭载研发载荷的新型航天公司，必须首先对国际空间站上仅需 5 分钟微重力环境的研发实验进行分析研究。然后，这些亚轨道公司才有可能对迫于国际空间站资源限制而无法按计划随之入轨的目标研发载荷进行搭载。由此产生的问题是：亚轨道公司是否能够设法说服研究人员接受仅有 4 分钟零重力条件的载荷搭载飞行。

随着国际空间站将于 2024 年退役，上述机遇对于亚轨道平台研发市场的发展将会变得尤为重要。各航天局可能开始将各自的研发实验转移到亚轨道飞行器上。

7.5 结论

太空旅游和研发市场是目前亚轨道制造商 / 运营商和服务提供商的主要目标市场。虽然太空旅游市场因为亚轨道飞行器的研发周期和高安全性监管要求而显得复杂多变，但是该市场仍是一个快速增长的市场。其增长态势将取决于定期、安全、可靠的亚轨道运营的成功实现和良好的经济形势，后者允许富有人士有足够的资金购买座位。最后，亚轨道公司面临的监管阻碍必须减弱，以便于他们获得亚轨道飞行器运营的飞行许可。

从事新型可重复使用亚轨道飞行器研发的公司也面临着技术研发、资质认证、市场和预算等风险。当风险资本撤出，或当投资者的兴趣转向于寻求更安全、更能实现盈利的行业时，可能导致突然的预算削减。SRV 行业在过去的 12 年中的经验教训，对未来参与原位资源利用项目的新型航天公司大有益处。致力于小行星采矿和太空资源开发利用等项目的公司可能面临类似的问题。目前，亚轨道公司的运营环境极其复杂，他们既需要展现出为公众提供安全可靠亚轨道飞行的能力，又需要吸引私人融资并进行亚轨道飞行器的建造和运营。

亚轨道研发市场将涵盖多种多样的市场类型，从制药到医疗器械测试，再到心血管系统、血压等方面的医学研究。鉴于国际空间站将于 2024 年退役，亚轨道研发市场将得到进一步的发展，因为各航天局可能开始将各自在国际空间站上的研发实验转移至亚轨道飞行器。其他如欧洲空间局和日本宇宙航空研究开发机构等，也有可能实施与美国国家航空航天局"飞行机会"项目类似的计划。

志在促进亚轨道产业发展的国家，必须首先分析拥有亚轨道产业对于研究和创新的好处。如果决定继续向前，他们可能会为亚轨道制造商 / 运营商提供零税收的优惠政策，并设立奖励以鼓励理工学界在亚轨道飞行器上进行实验的搭载。最后，一些国家甚至可能会为研发载荷的搭载飞行实施类似于美国国家航空航天局"飞行机会"项目的计划，并为国家飞行许可的获得创造条件。欧盟太空战略的实施将促进航天应用服务新市场的发展，制造商 / 运营商可能会推动欧洲的监管机构和各成员国设立并发放飞行试验许可。

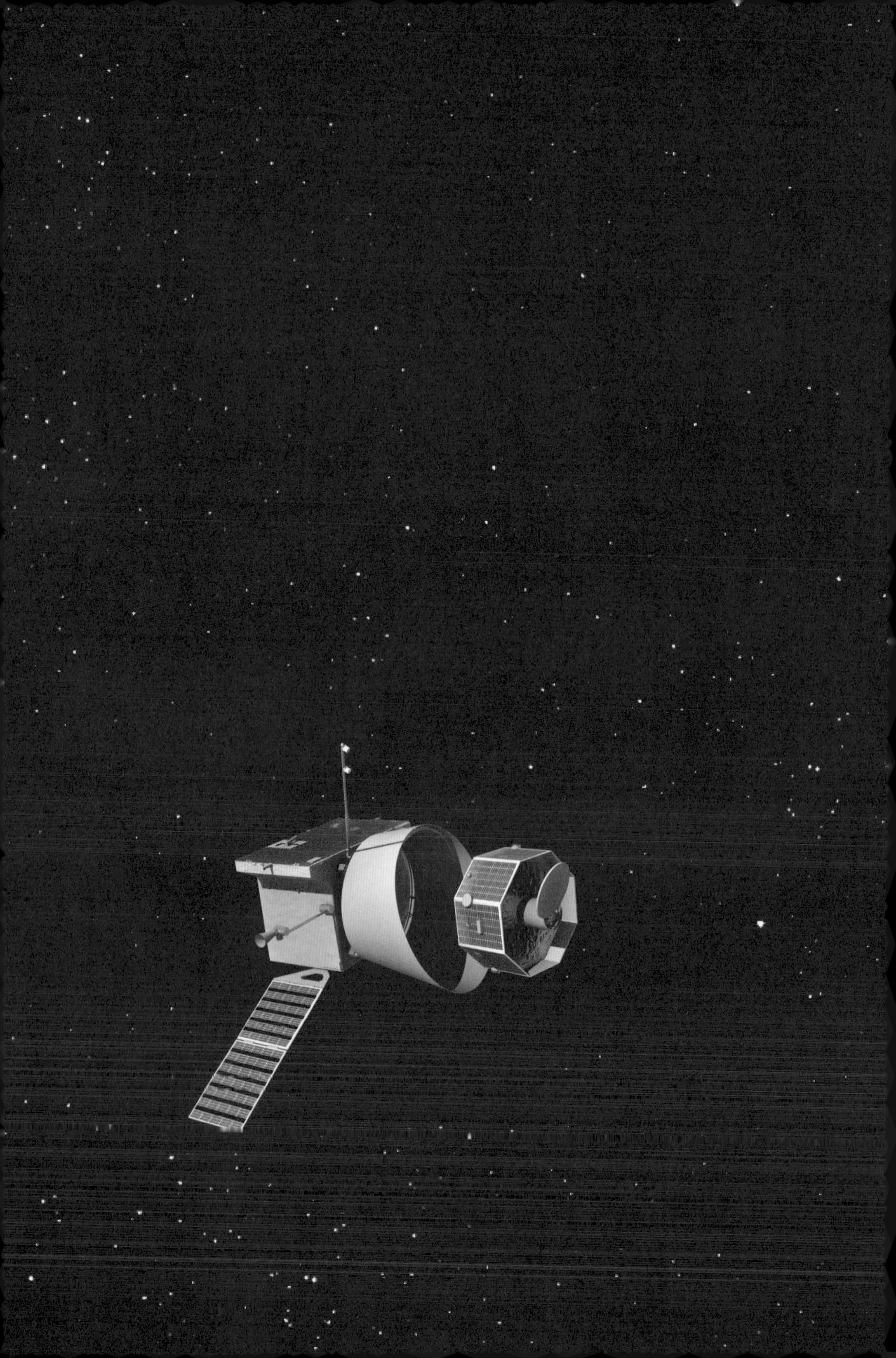

第 8 章

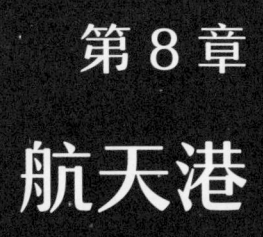

航天港

8.1 简介

航天港对轨道和亚轨道商业航天运输的运作至关重要。它提供了必要的设施、地面控制和跑道/发射台，未来还有望设立乘客训练设施、游客中心、酒店和其他类型的旅游设施。轨道和亚轨道飞行的预期增长促进了商业航天港在美国和欧洲的出现。航天港是将轨道和亚轨道飞行器发射进入太空的场所。它将提供垂直和水平起降的相关设施。航天港对运载火箭的组件和燃料进行综合集成，并对运载火箭及其有效载荷进行维护。

轨道和亚轨道运输商业航天服务的预期增长，将对航天港的改建、翻新、甚至对新航天港的建造带来促进效应。一些欧洲国家，如瑞典，已经建造了航天港。而如荷兰和英国等其他国家，已经萌生了类似的想法，并正在对国家航天港的建造进行可行性研究。

8.2 利益相关方

航天港向轨道和亚轨道公司提供租赁协议，为他们开展的飞行活动提供场地。国家政府或州政府将纳税人的钱投资于这些长期公共设施项目的建设和发展中，这些项目被视作有价值的公共设施项目。假如他们有许可证，商业航天港可以被私人拥有并开发，如同私人机场一样在公私合作关系（Public-Private Partnership，PPP）下进行开发和运营。航天港的运营包括跑道/发射台管理、地面设施[①]和亚轨道飞行器的滑行/起飞。任务控制中心是服务于航天器运行的一部分地面设施，负责协调发射活动和发射程序（如倒计时），直到航天器着陆或任务结束。航天器运营工程师对航天器的飞行状态进行监控，并向航天器各分系统发送遥控指令，如修正高度控制系统、推进和热电等。

航天港的客户将是各类从事轨道、亚轨道飞行器运营的新型航天公司。此外，对航天港设施有使用需求的传统航天公司也可以使用这些设施，用于基于轨道器、亚轨道飞行器的搭载实验的开展。最后，服务提供商公司可以提供诸如抛物线飞行、航天飞行准备计划、定制飞行[②]和讲座等娱乐服务（见图8.1）。

航天港也有望建立训练设施，如离心机、低压舱、模拟器等。然而，对如此昂贵的基础设施进行维护，可能需要航天港的所有者和运营商建立一个明确且能够实现盈利的商业模式。

随着商业亚轨道市场的预期增长，各国政府可能启动新航天港的建设，或者对现有的机场进行改建，以适应亚轨道业务的运营。利益相关方的作用和职能将与航天港的价值链同步发展，未来有可能出现新的市场角色，例如保险公司、特许经营者、受航天港业务影响的团

[①] 设施包括终端吊架、推进剂设施、有效载荷集成设施、燃料处理、飞行器集成/检测等。

[②] 一些航天港，如瑞典航天港提供了观赏北极光的服务。

体、停车场供应商和地面运输供应商（见表8.1）。

图 8.1 航天港利益相关方

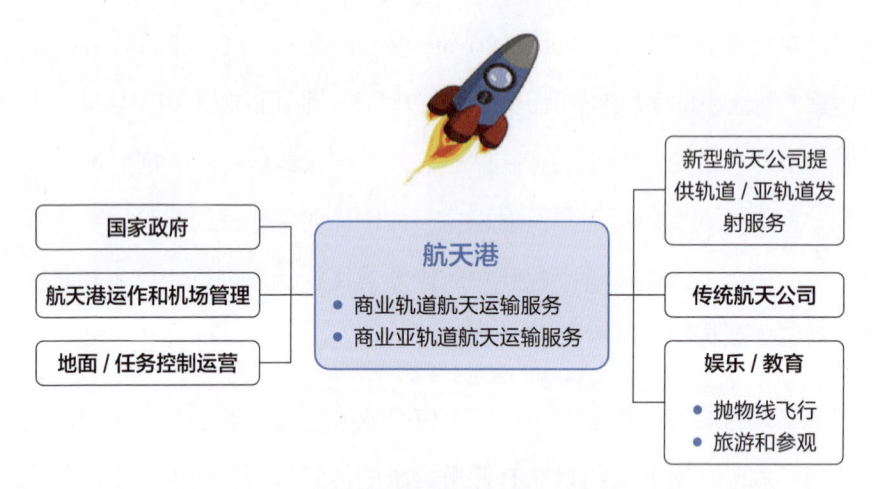

表 8.1 航天港利益相关方

利益相关方	组织机构	市　　场	服　　务
国家政府	欧洲各国政府 美国政府	商业轨道航天运输服务 商业亚轨道航天运输服务	轨道和亚轨道发射服务 太空旅游服务 宇航员训练 抛物线飞行
航天港运营和机场管理	美国[a] 美国莫哈韦航空航天港 SpaceX的麦格雷戈火箭研发和试验基地 蓝色起源的西德克萨斯火箭飞行基地 欧洲 瑞典航天港 加勒比航天港	商业轨道航天运输服务 商业亚轨道航天运输服务	亚轨道发射服务 太空旅游服务 宇航员训练 抛物线飞行 研发载荷搭载飞行 微小卫星部署 技术验证

续表

利益相关方	组织机构	市场	服务
地面/任务控制运营	传统航天公司 任务控制服务	商业轨道航天运输服务 商业亚轨道航天运输服务	轨道航天器运营 亚轨道航天器运营
客户	太空探索技术公司 轨道科学公司 维珍银河公司 缩尺复合材料公司 XCOR 公司 马斯登空间系统公司 艾克奥斯宇航公司 轨道间系统公司	商业轨道航天运输服务 商业亚轨道航天运输服务	发射服务 跑道/发射台 任务控制服务 地面设施服务 抛物线飞行 宇航员训练设施

a 在美国，FAA将发射场分类为FAA-AST许可的商业发射场、再入发射场和无许可的美国发射场。

大多数FAA-AST许可证将在2016年至2020年到期。使用上述航天港的亚轨道公司在许可证到期前，将面临发射和成功启动运营方面的压力。鉴于亚轨道太空产业预期难以增长，因此在2020年后，获得亚轨道发射许可的航天港将会减少。

目前，欧洲各国政府正在关注轨道、亚轨道商业航天运输服务的发展。随着亚轨道发射服务的预期增长，欧洲各国政府可能会联合为SRV公司提供法属圭亚那库鲁航天港的部分设施、或更多额外设施的租赁。

目前，其他国家有关商业航天港的信息有限，仅有关于国有航天港的详细信息。例如，俄罗斯的航天公司在2020年前，开始使用东方港航天发射场（Vostochny Cosmodrome）、拜科努尔航天发射场（Baikonur

Cosmodrome）、普列谢茨克航天发射场（Plesetsk Cosmodrome）和多姆巴洛维斯基（Dombarovsky）空军基地。日本有两个重用的国家发射基地：种子岛航天中心（Tanegashima Space Center）和内之浦航天中心（the Uchinoura Space Center）。中国有三个国家发射中心：酒泉卫星发射中心、太原卫星发射中心和西昌卫星发射中心。

在印度，印度空间研究组织（Indian Space Research Organization，ISRO）运营着印度唯一的发射基地，萨迪什·达万航天中心（Satish Dhawan Space Center）。

美国是商业轨道和亚轨道发射航天港建设、开发和租赁的先驱，在该领域处于领先地位。

8.3　目标市场/服务

近年来，出现了各航天局向 SpaceX 等公司出租航天港的新趋势。完全商业化的航天港必须主要依靠对商业客户的吸引。因此，他们需要为可行的商业模式制定中长期战略，并开展能够实现盈利的商业业务。航天港可能成为航天发射场和机场之间的潜在混合体。例如，有些航天港将必须提供发射场的典型服务，如运载器处理、有效载荷集成服务、存储服务等（见图 8.2）。

进一步的航天港服务可能将是发射服务和机场服务的综合，可以

第 8 章 航天港

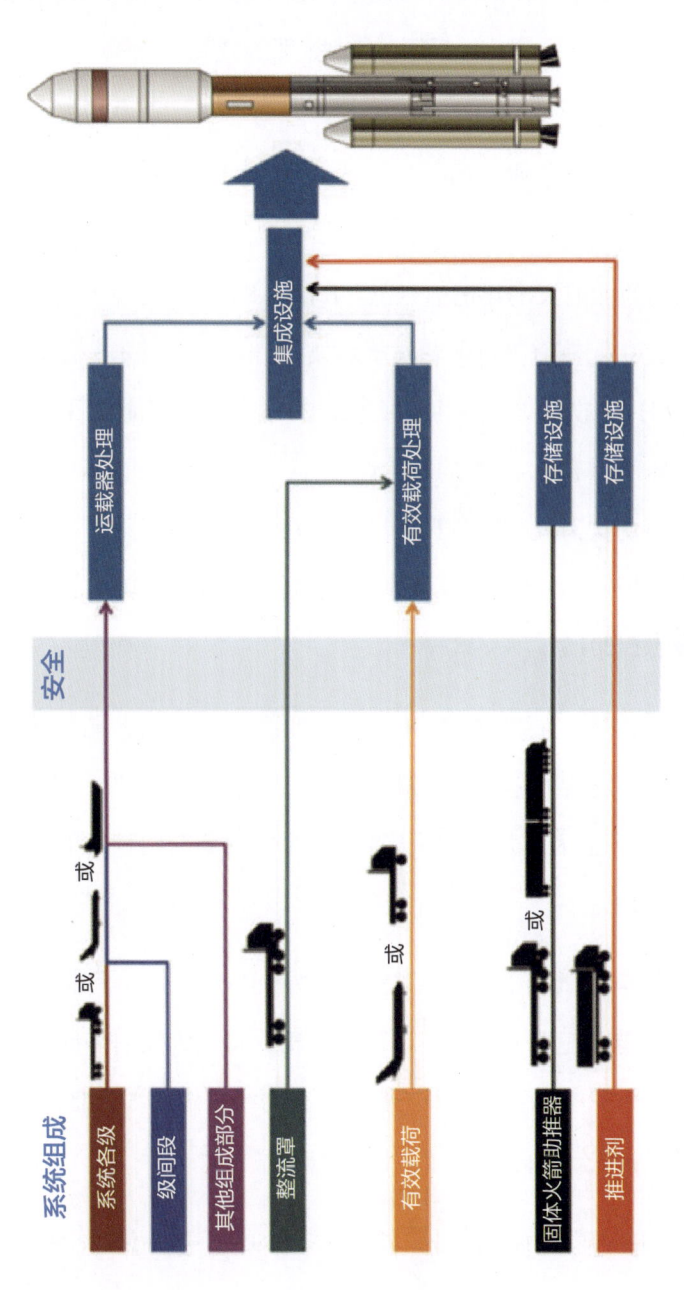

图 8.2 运载火箭集成与处理方案

提供类型广泛的服务，例如信息服务、出行服务、载人/货运管理、任务控制服务、安保管理、娱乐服务、医疗服务等。

8.3.1 美国

美国是商业航天港建造的先驱。FAA-AST 对所有航天港进行了分类，为轨道和亚轨道飞行器的发射场发放许可。在美国，公司可以获取 FAA-AST 发放的实验许可。例如，2015 年，蓝色起源的"新谢泼德"飞行器使用 FAA-AST 的实验许可进行了两次飞行。其中第二次飞行成为具有历史意义的里程碑，"新谢泼德"成为了第一个垂直发射进入太空（100.5 千米）并垂直着陆的飞行器（FAA 2016，商业航天运输年度报告：2016）。

在美国，FAA-AST 通过与一家由大学管理的私营公司合作，为多座商业发射场发放了许可。有 2 个发射场专门用于轨道发射活动，有 6 个发射场仅能进行亚轨道发射，还有 2 个发射场对两种发射方式均支持（见表 8.2）。

2016 年至 2020 年间，大部分航天港的 FAA-AST 许可将到期，使用上述航天港的亚轨道公司在许可到期前，将面临发射和成功启动运营方面的压力。鉴于亚轨道太空产业预计将很难增长，因此在 2020 年后，获得亚轨道发射许可的航天港将会减少。

最著名的亚轨道航天港是美国航天港和莫哈韦航空航天港。

表 8.2　FAA-AST-许可发射场（FAA 2016，商业航天运输年度汇编：2016）

发射场	运营商	首次获得许可	到期时间	支持的发射类型
加利福尼亚航天港	国际航天港系统	1996	2016/9/18	轨道发射
弗吉尼亚中大西洋地区航天港	弗吉尼亚商业航天飞行管理局	1997	2017/12/18	轨道发射
阿拉斯加太平洋航天港	阿拉斯加宇航公司	1998	2018/9/23	轨道发射/亚轨道发射
卡纳维拉尔角航天港	佛罗里达航天	1999	2020/6/30	轨道发射/亚轨道发射
莫哈韦航空航天港	东克恩机场区	2004	2019/6/16	亚轨道发射
俄克拉何马航天港	俄克拉何马航天工业发展管理局	2006	2016/6/11	亚轨道发射
美国航天港	新墨西哥航天港管理局	2008	2018/12/14	亚轨道发射
塞西尔地区航天港	杰克逊维尔航空管理局	2010	2020/1/10	亚轨道发射
米德兰国际机场	米德兰国际机场	2014	2019/9/14	亚轨道发射
艾灵顿机场	休斯敦机场系统	2015	2020/6/25	亚轨道发射

美国航天港是第一个商业航天港，建于 2011 年。其愿景是通过第一个专用商业航天港的开发和运营，催生价格经济且便捷高效的航天飞行。该航天港可以适应航空航天器的垂直和水平发射，由新墨西哥州所有和运营。这个州投资了 2.09 亿美元用于航天港的建设，从而吸引新型航天公司使用该航天港。最初，维珍银河[①]签署了一份为期 20

[①] 最初，该航天港是为容纳两架"白骑士2号"飞机和五架"维珍银河2号"飞船而建造的。

年的租赁协议。随后在 2013 年，SpaceX 签署了一份为期 3 年的航天港使用租赁协议，用于"猎鹰 9 号"1.1 版本助推器的发射、回收和重复使用。

莫哈韦航空航天港实际上是一个试验中心，也是可重复使用飞行器水平发射的起飞与回收基地。自 2004 年以来，该航天港获得了 FAA-AST 许可，并已经成为亚轨道航天产业兴起最重要的地点之一。2016 年，已有 60 家公司参与至小型亚轨道飞行器的设计、建造、试验和运营中。

目前来看，如果 2004 年把钱投入到美国商业航天港的开发和运营上，并非是一个很好的促进区域经济增长的公共投资。因为，亚轨道航天产业仍处于新兴状态，航天港仍在租赁协议数量的增长、清晰的商业模式和实现盈利以覆盖运营成本等方面面临压力。随着 FAA-AST 许可的到期，美国商业航天港将面临更大的政策和监管压力。

8.3.2 欧洲

瑞典、荷兰和葡萄牙等欧洲国家正在运营或计划建造商业航天港。

除了瑞典航天港，正在讨论建造一个加勒比航天港作为 XCOR 飞行活动的基地。在葡萄牙的亚速尔群岛，政府正考虑与包括美国在内的几个大西洋国家建立合作伙伴关系，建设一个用于小卫星发射的航天港。

瑞典航天港位于瑞典基律纳，其目标是成为商业航天飞行的主要航天港。瑞典航天港于 2007 年落成，其第一个客户是维珍银河。该公司与瑞典航天港签署了一项协议，使该航天港成为其使用的第一个非美国的航天港。2012 年，该航天港启动了一项航天飞行准备项目。2013 年，又与 AirZero G 和 Novspace 启动了抛物线飞行项目。

瑞典航天港已经将其服务变得丰富多样，并专注于抛物线飞行和航天飞行准备项目的提供。预计该航天港将与其他新型航天公司签署合作协议，从而分散依赖维珍银河作为主要客户的风险。

8.4 结论

美国是商业航天港建设和运营的先驱，并在该领域处于领先地位。虽然欧洲人有可能继续以类似 ESA 航天港的方式建造一个多国亚轨道航天港，或租用现有航天港的一部分，但是欧盟国家仍在观望商业亚轨道航天产业能否实现腾飞。欧盟国家可能会考虑与美国合作建用于小卫星发射的商业航天港。

未来的商业航天港可能成为航天发射场和机场的潜在混合体，而它提供的服务也将是两者的综合。航天港需要有可行的商业模式、不断增长的租赁协议以及高性价比的服务。这甚至将导致商业化任务控制服务的诞生，从而避免了航天港为负责发射活动与运营的任务控制承担高额成本。

商业轨道和亚轨道航天产业的预期增长将导致航天港建造可行性研究的增多。这也将致使美国联邦航空管理局在 2020 年后为航天港授予飞行许可。

译后记
POSTSCRIPT

过去 15 年间，全球商业化航天活动愈发活跃，即对传统航天产业的模式、成本和创新等提出了新的挑战，也为新兴航天市场的创建和发展带来了新的机遇，例如太空旅游、星际移居、小行星采矿、在轨服务、太空制造、太空环境治理、太空基地建设等。

上述愿景有的已经或正在变为现实，有的相信在不远的将来会变成现实。例如，埃隆·马斯克和他的 SpaceX 公司已经成功发射了世界上第一款可重复使用的运载火箭"猎鹰 9 号"，以及第一艘可重复使用的"龙"飞船，并已为 NASA 提供了多次商业发射运输和空间站补给服务。2021 年 7 月 11 日，维珍银河公司的创始人理查德·布兰森搭乘"团结号"空天飞机成功完成了首次亚轨道载人太空飞行，飞抵约 89 千米高度的太空边缘后返回地面降落。仅仅 9 天后，蓝色起源公司的创始人杰夫·贝索斯搭乘"新谢泼德号"飞行器完成了该公司的首次载人亚轨道试飞。这两次载人飞行再次引发了世界对太空旅游的广泛关注。

近年来我国的商业航天公司如雨后春笋般涌现，商业航天市场正在快速发展。在此背景下，工业和信息化部田玉龙总工程师推荐将《Emerging Space Markets》引进国内，电子工业出版社组织对原书进行了翻译和出版。本书对过去 15 年全球商业航天活动及其商业化进程进行了介绍，对商业航天市场的分类、相关产业、利益相关方和经验教训进行了分析，涉及天地往返运输、在轨服务、太空环境治理、星际移居、原位资源开发、亚轨道飞行、航天港等新兴市场需求。希望本书的翻译出版能够增进读者对全球商业化航天发展的理解和把握，为推动我国商业航天发展和航天强国建设贡献绵薄之力。

参与本书翻译的有：徐嘉（负责前言、第 1 章翻译和全书统稿）；朱明月（负责第 2 章和第 3 章翻译）；王开强（负责第 4 章、第 5 章、第 7 章和第 8 章翻译）；邓连印（负责第 6 章翻译）；赵瑞杰和尹锐（参与了全书统稿）。

最后，对工业和信息化部田玉龙总工程师推荐将原书翻译出版，以及电子工业出版社刘家彤编辑为本书尽早与读者见面付出的辛勤劳动，表示衷心感谢。

译者

2021 年 9 月于北京